HR 高手之道

Excel 人力资源管理思维、技术与实践

周庆麟　胡子平◎编著

北京大学出版社
PEKING UNIVERSITY PRESS

内 容 简 介

本书不是讲基础的 Excel 软件操作,而是作者根据多年人力资源从业经验,以帮助 HR 解决人力资源管理工作中的相关事务为出发点,精心挑选 Excel 中最常用、实用的功能讲解 Excel 在人力资源管理中的一些技能技巧和实操应用,旨在提高 HR 的工作效率。

本书分为上、下两篇。上篇主要讲解 HR 必知必会的 Excel 核心技能、应用技巧及经验,内容包括 Excel 制表的不规范操作,提高效率的"偷懒"技能,公式和函数的使用技能,数据排序、筛选、分类汇总、合并计算等分析工具的使用,以及图表和数据透视表的应用技巧。下篇主要以人力资源各个工作内容模块为主要线索,讲解 Excel 在人力资源管理中的实操应用,内容包括在 Excel 中如何建立人事数据,如何使用 Excel 对人力资源结构和人员流动进行统计分析,如何通过招聘指标对招聘数据进行统计分析,培训数据的建立及统计分析,考勤与薪酬数据的建立与统计分析等技能。

本书既适用于企业人力资源从业者、中小企业管理者及大型企业中层管理者学习使用,也适用于非人力资源管理从业者借助本书案例提高 Excel 水平,同时也适用于各个职业院校、人力资源管理培训机构的教材参考用书。

图书在版编目(CIP)数据

HR高手之道:Excel人力资源管理思维、技术与实践/周庆麟,胡子平编著. —北京:北京大学出版社,2019.3

ISBN 978-7-301-30113-5

Ⅰ. ①H… Ⅱ. ①周… ②胡… Ⅲ. ①表处理软件—应用—人力资源管理 Ⅳ. ①F243-39

中国版本图书馆CIP数据核字(2018)第272865号

书　　名	HR高手之道:Excel人力资源管理思维、技术与实践	
	HR GAOSHOU ZHI DAO	
著作责任者	周庆麟　胡子平　编著	
责任编辑	吴晓月	
标准书号	ISBN 978-7-301-30113-5	
出版发行	北京大学出版社	
地　　址	北京市海淀区成府路205号　100871	
网　　址	http://www.pup.cn　　新浪微博:@北京大学出版社	
电子信箱	pup7@pup.cn	
电　　话	邮购部 010-62752015　发行部 010-62750672　编辑部 010-62570390	
印　刷　者	北京宏伟双华印刷有限公司	
经　销　者	新华书店	
	787毫米×1092毫米　16开本　18.5印张　402千字	
	2019年3月第1版　2021年7月第2次印刷	
印　　数	4001—6000册	
定　　价	79.00元	

未经许可,不得以任何方式复制或抄袭本书之部分或全部内容。
版权所有,侵权必究
举报电话:010-62752024　电子信箱:fd@pup.pku.edu.cn
图书如有印装质量问题,请与出版部联系。电话:010-62756370

Excel / 为什么 HR 精英，都是 Excel 控

我们为什么写这本书？

这是一个讲效率、拼速度的时代。在这个时代中，人力资源行业存在一个有趣的现象：但凡 HR 精英和 HR 管理者都拥有一个相同的神器——Excel 工具。Excel 拥有强大的计算、统计、分析功能，提供了丰富的函数、工具、控件等，所以在数据处理、统计与分析方面占有绝对优势，备受 HR 的青睐，也成为 HR 和 HR 管理者必备的一项技能。

人力资源管理的核心就是预测和决策，而人力资源数据则可以为人力资源预测和决策提供强有力的数据支撑。但是，面对海量繁杂的人力资源数据，如何提取出有用的信息，就需要 HR 使用相应的辅助工具进行提炼、总结和分析，而 Excel 因其强大的功能，则成为 HR 对人力资源数据进行统计、分析的首选工具。

本书有效地避免了市面上其他人力资源管理书籍散点化、碎片化讲解知识的弊端，本书内容的安排与讲解注重科学、注重效率、注重实操，系统地讲解了人力资源管理中最常用的 Excel 技能及人事信息管理、人力资源规划管理、招聘与录用管理、培训管理、考勤管理、薪酬福利管理等各个模块的案例实操，帮助 HR 轻松解决人力资源管理过程中遇到的问题。

我们这本书的特点是什么？

（1）本书更注重实操。HR 拥有再扎实的理论基础，不能运用到实操中，也只是"纸上谈兵"。因此，本书结合人力资源理论知识，讲解 Excel 在人力资源管理中的应用和实战技能，力求让读者看得懂、学得会、用得上。

（2）本书内容在精不在多。Excel 功能强大，如果要全面讲解，四五百页都写不完。书中内容遵循了"二八定律"，精心挑选 Excel 在人力资源管理中最常用的 20% 的核心功能，可

以帮助 HR 解决人力资源管理过程中遇到的 80% 的问题。

（3）根据心理学大师研究出来的学习方法得知，有效的学习需要配合及时的练习。为了检验读者的学习效果，本书提供了 26 个"高手自测"题（扫二维码可观看专家思路）。

（4）Excel 在人力资源管理中也有短板！为了扩展读者的人力资源管理能力和效率，本书还介绍了 10 个"高手神器"帮助 HR 计算、统计与分析人力资源数据的 Excel 插件、第三方工具。

我们在这本书里写了些什么？

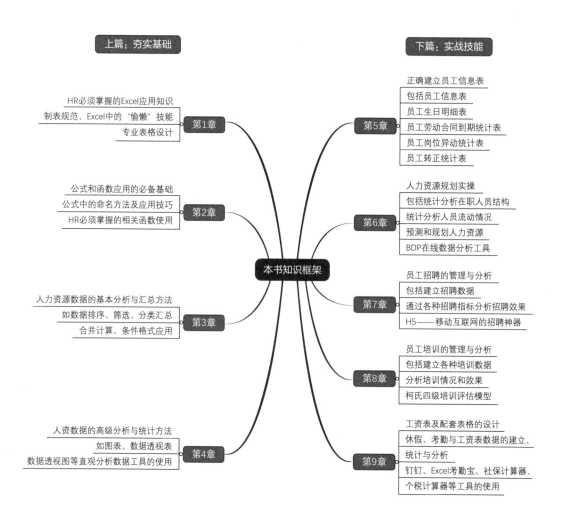

您能通过这本书学到什么？

（1）掌握 Excel 的核心功能：数据输入、数据计算、数据分析及数据报表的呈现。

（2）正确建立数据表：科学合理地建立 Excel 数据表，避免建表雷区，提高建表效率，为后续数据分析奠定基础。

（3）员工信息表的设计与建立：掌握员工信息表各项数据的建立方法，以及通过员工信息表演变成员工生日明细表、员工劳动合同到期统计表、员工岗位异动统计表、员工转正统计表的方法。

（4）科学规划人力资源：使用公式、函数、图表和数据透视表对在职人员结构与人员流动情况进行统计与分析；利用移动平均和规划求解工具对人力资源进行预测和优化配置。

（5）通过招聘指标分析招聘数据：建立各项招聘数据，利用各项招聘指标对招聘结果、招聘周期、招聘过程、招聘费用及招聘渠道效果等进行统计分析。

（6）员工培训的有效管理：制订培训计划，建立培训各项数据，汇总分析培训模块中的各项指标数据等技能。

（7）考勤与薪酬福利管理：统计员工应休的年假天数和休假考勤数据，考勤数据的整理、统计与分析、加班数据的处理，以及工资表数据的建立、统计与分析，工资条的制作等技能。

有什么阅读技巧或者注意事项吗？

1. 适用软件版本

本书是基于 Excel 2016 软件进行写作的，建议读者结合 Excel 2016 进行学习。由于 Excel 2013、Excel 2019 的功能与 Excel 2016 有不少相同之处，因此本书内容同样适用于其他版本的软件学习。

2. 菜单命令与键盘指令

本书在写作时，当需要介绍软件界面的菜单命令或者是键盘按键时，会使用"【】"符号。例如，介绍组合图形时，会描述为：选择【组合】选项。

3. 高手自测

本书安排了"高手自测"板块，建议读者根据题目，回顾该节内容，进行思考后动手写出答案，最后扫码查看参考答案。

除了书，您还能得到什么？

（1）Excel 完全自学教程——教学视频。

（2）10 招精通超级时间整理术——教学视频。

（3）5分钟学会番茄工作法——教学视频。

（4）本书配套PPT课件。

（5）同步学习文件。

丰富的学习套餐，不仅让读者学习到专业知识，还能掌握职场中重要的时间管理与高效工作习惯，提升读者的职场竞争力。

以上资源，请扫描下方二维码关注公众账号，输入代码"Hr18719Ed"，获取下载地址及密码。

看到不明白的地方怎么办？

本书由周庆麟、胡子平组织编写。在本书的编写过程中，我们竭尽所能地为您呈现最好、最全的实用功能，但仍难免有疏漏和不妥之处，敬请广大读者不吝指正。若您在学习过程中产生疑问或有任何建议，可以上Excel Home网站社区咨询，也可以通过E-mail或QQ群与我们联系。

Excel Home技术社区发帖交流：http://club.excelhome.net.

投 稿 邮 箱：pup7@pup.cn

读 者 邮 箱：2751801073@qq.com

读者交流QQ群：218192911（办公之家）

　　　　　　　586527675（新精英充电站-2群）

注意：加入QQ群时，如系统提示"此群已满"，请根据提示加入新群。

上篇　夯实基础

第1章　Excel，HR必知必会的工具 /2

1.1　关于 Excel，HR 必须知道的那些事 /4

1.1.1　Excel 对 HR 的重要性 /4
1.1.2　Excel 的三大对象 /7
1.1.3　Excel 中的两张表 /8
1.1.4　Excel 实用的帮助功能 /10
1.1.5　HR 必会的 Excel 打印技巧 /10

高手自测 1/14

1.2　影响 HR 工作效率的不规范操作 /14

1.2.1　多行表头滥用 /14
1.2.2　多此一举的合计行 /17
1.2.3　随意合并单元格 /18
1.2.4　字段顺序混乱 /18
1.2.5　同类内容名称不统一 /19
1.2.6　通过空格来对齐 /19
1.2.7　不同类别的数据放一起 /20
1.2.8　日期格式不规范统一 /21

1.2.9 数字格式不规范 /22

高手自测 2/23

1.3 HR 需掌握的"偷懒"技能 /23

1.3.1 导入数据有诀窍 /23
1.3.2 高效输入数据 /25
1.3.3 快速填充数据 /27
1.3.4 精确定位数据 /31
1.3.5 快速替换数据 /32
1.3.6 用好"选择性粘贴"功能 /35
1.3.7 快速分析工具 /38

高手自测 3/39

1.4 专业表格设计三部曲 /40

1.4.1 明确制表目的 /40
1.4.2 设定表格字段 /41
1.4.3 装饰美化表格 /42

高手自测 4/43

高手神器 ① Excel易用宝——提升HR工作效率 /43

第2章 公式和函数,HR计算的法宝 /45

2.1 计算数据,这些知识必须牢记 /47

2.1.1 公式的要素与运算符 /47
2.1.2 复制和填充公式的方法 /47
2.1.3 公式中常见的引用 /49
2.1.4 函数的输入方法 /52
2.1.5 函数公式中常见的错误值 /54

高手自测 5/58

2.2 Excel 中的命名公式 /58

2.2.1 使用名称的七大好处 /58

2.2.2 名称命名的规则 /59
2.2.3 定义名称的方法 /60

高手自测 6/62

2.3 HR必须掌握的七大函数 /62

2.3.1 快速求和，SUM 函数 /62
2.3.2 按条件求和，SUMIF 函数 /63
2.3.3 判断是与非，IF 函数 /64
2.3.4 按指定的条件计数，COUNTIF 函数 /66
2.3.5 查找符合条件的值，VLOOKUP 函数 /67
2.3.6 计算两个日期之间的差值，DATEDIF 函数 /70
2.3.7 数字格式之间的转换，TEXT 函数 /71

高手自测 7/72

高手神器 ② Excel公式向导/72

第3章 这些数据分析工具，HR高手都在用/74

3.1 数据排序，让数据井然有序 /76

3.1.1 自动排序 /76
3.1.2 多条件排序 /76
3.1.3 自定义排序 /77

高手自测 8/78

3.2 数据筛选，筛选符合条件的数据 /78

3.2.1 自动筛选 /78
3.2.2 高级筛选 /82

高手自测 9/83

3.3 分类汇总，按类别汇总数据 /83

3.3.1 单重分类汇总 /84
3.3.2 多重分类汇总 /85

高手自测 10/87

3.4 合并计算，根据需求汇总数据 /87

    3.4.1 合并计算多个相同的数据类别 /87

    3.4.2 多表数据合并汇总 /89

    高手自测 11/89

3.5 Excel 条件格式，让数据分析锦上添花 /90

    3.5.1 Excel 内置的条件格式规则 /90

    3.5.2 Excel 内置的自定义条件格式规则 /93

    3.5.3 用公式自定义条件格式规则 /94

    高手自测 12/97

第4章 图表和数据透视表，让数据分析更直观 /98

4.1 图表，数据可视化的利器 /100

    4.1.1 HR 必知必会的五大图表 /100

    4.1.2 创建图表的方法 /103

    4.1.3 让图表更专业的技巧 /105

    4.1.4 图表可视化数据的六大误区 /112

    4.1.5 打破 Excel 图表常规布局 /116

    4.1.6 利用图片实现图表艺术化 /117

    4.1.7 将图表保存为模板 /118

    高手自测 13/120

4.2 数据透视，强大的汇总表生成功能 /120

    4.2.1 数据透视的妙用 /120

    4.2.2 创建数据透视表的方法 /122

    4.2.3 字段布局 /124

    4.2.4 透视表分析的两大利器 /125

    4.2.5 报表样式拿来即用 /127

    4.2.6 用图表可视化数据透视表 /127

    高手自测 14/128

高手神器 ③ 百度图说——功能强大的数据可视化工具/128

下篇　实战技能

第5章　建立员工信息表，简化人事管理 /130

5.1　员工信息表设计 /132
- 5.1.1　员工信息表结构设计 /132
- 5.1.2　快速输入员工编号 /134
- 5.1.3　正确输入身份证号码 /135
- 5.1.4　从身份证号码中获取性别和出生年月 /135
- 5.1.5　数据验证实现单元格的内置选项 /136
- 5.1.6　制作二级联动下拉菜单 /138
- 5.1.7　让首行/列始终显示在开头 /141

▶ 高手自测 15/142

5.2　通过员工信息表设计其他人事表 /142
- 5.2.1　员工生日明细表 /142
- 5.2.2　员工劳动合同到期统计表 /147
- 5.2.3　员工岗位异动统计表 /150
- 5.2.4　员工转正统计表 /152

▶ 高手自测 16/153

第6章　人力资源规划——HR的指南针/154

6.1　分析在职人员结构，充分了解人力资源配置情况 /156
- 6.1.1　统计在职人员结构 /156
- 6.1.2　分析在职人员结构 /162

▶ 高手自测 17/172

6.2　分析人员流动，寻找解决之道 /172
- 6.2.1　统计分析各部门的人员流动情况 /172
- 6.2.2　统计分析年度人员流动情况 /175

6.2.3　统计分析人员离职原因 /180

　　　高手自测 18/182

6.3　做好预测和规划，从容面对用人荒 /182

　　6.3.1　预测人力资源效益走势情况 /182

　　6.3.2　线性规划人力资源配置 /184

　　　高手自测 19/188

■ 高手神器 〈4〉 BDP——拖曳瞬间生成数据图表/188

第7章　员工招聘，HR慧眼识人才/189

7.1　建立招聘数据，让招聘过程数据化 /191

　　7.1.1　设计招聘需求汇总表 /191

　　7.1.2　设计应聘人员信息表 /194

　　7.1.3　对招聘成本进行汇总 /195

　　7.1.4　对招聘数据进行汇总 /199

　　7.1.5　利用电子邮件合并发送录用通知书 /202

　　　高手自测 20/205

7.2　分析招聘指标，让招聘成果可视化 /205

　　7.2.1　对招聘结果进行统计分析 /206

　　7.2.2　对招聘周期进行统计分析 /209

　　7.2.3　对招聘整个过程进行统计分析 /211

　　7.2.4　对招聘费用进行统计分析 /218

　　7.2.5　对招聘渠道进行统计分析 /222

　　　高手自测 21/224

■ 高手神器 〈5〉 招聘H5——移动互联网的招聘神器/225

第8章 员工培训——解决企业后顾之忧 /226

8.1 建立培训数据，实现量化管理 /228
- 8.1.1 员工培训需求调查表 /228
- 8.1.2 年度培训计划统计表 /231
- 8.1.3 培训班汇总表 /233
- 8.1.4 培训成本表 /234
- 8.1.5 员工培训考核表 /237

高手自测 22/238

8.2 分析培训情况，让培训过程直观化 /239
- 8.2.1 对培训班次情况进行统计分析 /239
- 8.2.2 对培训出勤率进行统计分析 /241
- 8.2.3 对培训费用进行统计分析 /243
- 8.2.4 对培训考核结果进行分析 /246

高手自测 23/248

高手神器 ⑥ 柯氏四级培训评估模型/248

第9章 考勤与薪酬管理，为员工谋福利 /249

9.1 工资表及配套表格设计分析 /251

9.2 休假管理 /252
- 9.2.1 统计员工带薪年休假的天数 /252
- 9.2.2 设计员工休假统计表 /253

高手自测 24/257

9.3 考勤管理 /257
- 9.3.1 整理考勤机数据 /257
- 9.3.2 生成完整考勤表 /259
- 9.3.3 统计员工出勤情况 /261
- 9.3.4 按部门分析出勤情况 /262

9.3.5 对员工加班情况进行统计 /264

高手自测 25/266

9.4 **薪酬管理 /266**

9.4.1 计算员工工资 /266

9.4.2 生成工资条发放给员工 /268

9.4.3 统计和分析部门工资数据 /275

高手自测 26/279

高手神器 ⑦ 钉钉考勤好帮手/279

高手神器 ⑧ Excel考勤宝/280

高手神器 ⑨ 社保计算器/280

高手神器 ⑩ 个税计算器/281

上篇 夯实基础

在当今这个高效的时代，每项职场工作的开展都讲究一个"快"字！从事人力资源管理工作的 HR 也不例外。

很多 HR 职场新手，甚至工作几年的老员工，在面对工作中一大堆需要进行汇总、统计与分析处理的数据时，也常感觉头疼，不得不加班、挑灯夜战。这是为什么呢？因为这些 HR 都不能很好地利用 Excel 工具。Excel，具有强大的数据处理与分析功能，只要我们学会并且用好 Excel 工具，HR 在人力资源管理中遇到的很多问题和困难就能迎刃而解。

本篇包含的章节内容

第 1 章　Excel，HR 必知必会的工具
第 2 章　公式和函数，HR 计算的法宝
第 3 章　这些数据分析工具，HR 高手都在用
第 4 章　图表和数据透视表，让数据分析更直观

第 1 章

Excel，HR必知必会的工具

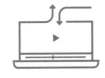

对于 HR 来说，Excel 是工作中必不可少的助手。它不仅可以帮助 HR 创建人力资源管理中的各类表格，而且还可以对相关的人力资源数据进行计算、统计与分析处理。那么，作为 HR 该如何借助 Excel 工具高效地处理工作中遇到的问题，这就需要 HR 树立应用 Excel 的正确理念、思路及相关"偷懒"技巧。

请带着下面的问题走进本章

1. Excel 在人力资源管理中的作用有哪些？

2. 经常花费大量的时间处理数据，还不能得到满意的结果，怎么才能让数据处理变得简单又高效？

3. 在制表过程中需要掌握哪些原则和规范，才能避免少走弯路。

4. 设计专业的表格，需要遵循哪些原则或次序？

1.1 关于 Excel，HR 必须知道的那些事

Excel 是应用性很强的软件，HR 学习 Excel 的主要目的是为了更高效地处理人力资源的相关工作，及时解决问题。虽然不需要精通 Excel 软件，但有些基础知识是 HR 必须了解和掌握的。

1.1.1 Excel 对 HR 的重要性

Excel 之所以在人力资源管理中被广泛应用，是因为可以借助 Excel 工具，帮助 HR 对人力资源数据进行有效的收集、整理、计算和统计分析，从而提高工作质量和工作效率。

1 记录收集原始数据

原始数据是指在经济活动中直接产生或获取的数据，是未经过加工而孤立存在的。一般包含的信息量较少，不能直接看出各数据之间的联系，也不利于数据的计算、统计和分析。因此，收集原始数据是统计、分析数据的前提。

对于 HR 来说，Excel 是一个记录和存储原始数据的好工具，每一个公司都涉及大量的人事数据，而 Excel 可以将收集来的原始数据进行有序排列和存储，并且一个 Excel 文件中可以存储许多独立的表格。如果把一些不同类型但是有关联的数据存储到一个 Excel 文件中，那么既可以方便 HR 对数据进行管理，还方便查找和应用数据。

例如，一说到员工工龄，可能首先想到的是公司有哪些部门，每个部门有哪些员工，他们的名字、员工编号、所在的岗位及入职时间等，然后才会去计算工龄年限及工龄工资。在 Excel 中，收集与员工工龄相关的数据时，HR 就可以根据想到的数据进行输入，将其存储到 Excel 中，而且在输入过程中，一定要保证数据的正确性。也就是说，收集的数据要符合客观实际情况，数据要真实准确，这样才能确保后续统计分析的结果正确。如右图所示为收集到的与员工工龄相关的数据。

2 整理汇编数据

收集原始数据时考虑更多的是数据的准确性和完整性,一般不会考虑数据的格式,以及排列是否合理等。因此,对于收集的原始数据,还需要进行整理,如检查收集的数据是否齐全、填写是否规范、信息是否完整、数据是否符合逻辑性、是否符合实际情况等。必须要确保表格中的数据符合制表规范,这样才能提升后续人事数据统计、分析的准确率。

下图所示为收集的原始数据,数据虽然齐全,但有很多不规范或错误的地方。

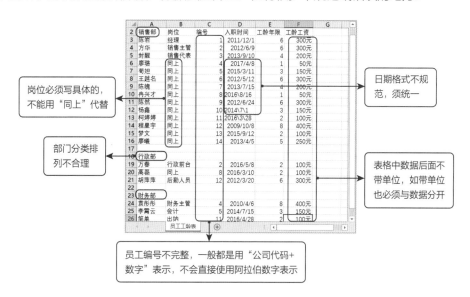

下图所示为将上图中不合理的地方进行整理汇编后的效果。

3 数据计算处理

在人力资源管理过程中，对数据的要求不仅仅是存储和查看，很多时候还需要对现有的人事数据进行统计，如员工人数、离职率、招聘人数、培训成绩、绩效成绩、考勤情况、员工工资等。而Excel中提供了大量的函数，不仅可以对简单数据进行计算，还可以利用不同的函数组合，完成复杂的计算工作。例如，核算当月工资时，HR将所有员工信息及其与工资相关的数据整理到一个表格中，然后运用公式和函数计算出每个员工当月扣除的社保、个税、实发工资等。右上图所示为使用Excel制作的工资表。

4 数据统计分析

人是企业的核心竞争力，在现代企业中，都非常重视人力资源数据的统计与分析，它是企业人力资源管理专业性和有效性的关键手段，为人力资源决策提供支持。

在Excel中,统计与分析数据的工具有很多,能满足人事数据统计与分析的各种需要。例如,可以使用排序、筛选和分类汇总等基础的数据分析工具对表格中的数据做进一步的归类与统计，如左下图所示为利用筛选功能筛选出7月要过生日的员工；也可以使用如右下图所示的Excel专门的数据分析工具，如方差分析、描述统计、直方图、移动平均等完成复杂的统计或计量分析。

另外，图表、数据透视表和数据透视图也是Excel中最具特色的数据分析工具，只需简单操作便能灵活地使用图表形象地展示数据，或根据数据的不同特征变换出各种类型的报表。例如，左下图所示为使用组合图表分析培训前后的总成绩；右下图所示为使用数据透视表和数据透视图分析年龄层次。

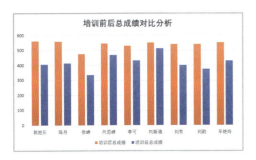
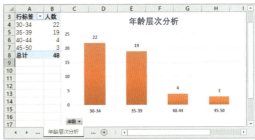

1.1.2 Excel 的三大对象

工作簿、工作表和单元格是 Excel 操作中最常见的三大对象。工作簿是 Excel 中用来存储并处理数据的文件；工作表是显示在工作簿窗口中的表格，是 Excel 存储和处理数据最重要的部分；单元格则是将整个工作表划分成每一个小方格，是 Excel 中构成工作表最基础的组成元素，是存储数据的最小单位。简单地说，工作簿是由单张或多张工作表组成的；而工作表则是由一个个单元格组成的，如右图所示。

1 工作簿

在 Excel 的工作簿中最多可以建立 255 张工作表，默认情况下，新建的工作簿名称为"工作簿 1"，此后再新建的工作簿将以"工作簿 2""工作簿 3"……依次命名，如下图所示。

 专家点拨　Excel 文件扩展名有".xls（Excel 97-2003 工作簿）、.xlsx、.xlsm（Excel 启用宏的工作簿）、.xltx（模板）、.xltm（Excel 启用宏的模板）"等。

2　工作表

每一个工作簿中包含了一张或多张工作表,它们以工作表标签的形式显示在工作簿编辑区底部。下图所示为工作表标签。

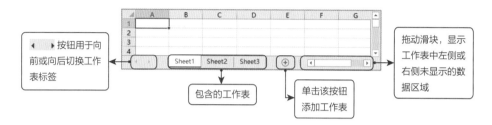

在 Excel 中,每个工作表的名称都是唯一的,默认的是以"Sheet1"进行命名。为了方便识别工作表中的内容,可以为工作表重新命名。将鼠标指针移动到工作表标签上,双击工作表标签,此时工作表名称以灰底黑字显示,表示工作表名称呈可编辑状态,输入更新的名称,然后按【Enter】键进行确认即可。

3　单元格

工作表是由若干行和列组成的,行用阿拉伯数字"1、2、3、4、5、6、7、8、9、10…"表示,列用英文字母"A、B、C、D、E、F、G……"表示。单元格就是工作表中用行线和列线分隔出来的小方格,用于存储单个数据,而且每个单元格都可以通过单元格地址进行标识。在工作表中,所有单元格都具有独立的地址。单元格地址是由它所在的行和列组成,其表示方法为"列标+行号",如工作表中最左上角的单元格地址为"A1",即表示该单元格位于第 A 列和第 1 行的交叉点上。

1.1.3　Excel 中的两张表

在 Excel 中,经常需要制作各种类型的人事表格,因此,根据制表的目的和需求将这些表格分为数据源表和结果汇总表两大类。数据源表主要是用于记录和存储各种基础的数据,便于结果汇总表引用数据;而结果汇总表是利用 Excel 的功能或工具对数据进行汇总、分析,从而得到所需要的结果。下图所示为两张表的区别。

数据源表 基本不对数据做任何的计算和统计,也不需要对其做多余的格式设置,是为数据统计与分析,以及制作各种报表打基础的

结果汇总表 只保存需要的信息,是通过数据源表中的数据演"变"出来的,通常需要针对各种目的,对结果汇总表的布局、格式和外观等进行适当的设计和装饰

例如,下图所示为通过"员工记录表"数据源表得出的学历分析表、人员结构统计表、年龄层次分析表等多张结果汇总表。

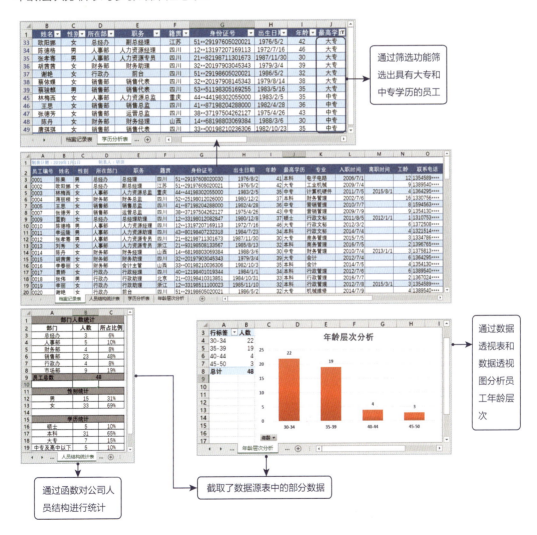

第1章 Excel,HR必知必会的工具 9

1.1.4　Excel 实用的帮助功能

"告诉我你想做什么"就是 Excel 提供的帮助功能，通过该功能可以快速检索 Excel 功能按钮，这样就不用再到选项卡中寻找某个命令的具体位置了，而且还能轻松解决使用和学习 Excel 中遇到的疑难问题。只需要在"告诉我你想做什么"输入框中输入关键字，它就能提供相应的操作选项。例如，输入"条件格式"，下拉列表中会出现关于条件格式的功能，以及关于"条件格式"的帮助和相关的智能查找，如右图所示。

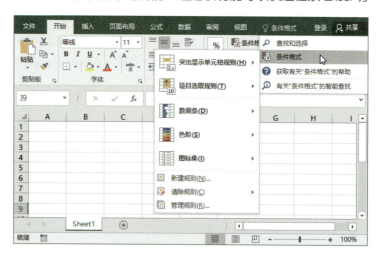

1.1.5　HR 必会的 Excel 打印技巧

尽管无纸化办公已逐渐应用到多个行业领域中，但在许多时候，打印输出依旧是很多 Excel 表格的最终目的。Excel 表格在打印时，要使打印输出的纸质文档能够符合自己的需求，HR 必须掌握 4 个打印技巧，如下图所示。

1　打印网格线

默认情况下，打印出来的数据没有网格线，导致表格看上去密密麻麻的，没有条理，也不便于阅读，这时就需要通过设置将网格线打印出来。

在【页面布局】选项卡下的【工作表选项】组中选中【网格线】栏中的【打印】复选框，按【Ctrl+P】组合键进入打印页面，在打印预览效果中，可查看到打印网格线的效果，如下图所示。

2 打印标题行

一般情况下，表格都包含标题行和表字段，当表格内容较多且一页打印不完时，Excel 会根据页面打印大小自动转到下一页，但默认从第 2 页开始就不会出现标题行，如下图所示。如果打印出来的第 2 页，不从第 1 页中查找标题行，根本就不知道这些数据是干什么的，不利于查看。

为了便于查看，最好设置打印标题行，让每页都显示有标题行和表字段。具体操作步骤如下。

步骤 01 在【页面布局】选项卡下的【页面设置】组中单击【打印标题】按钮，打开【页面设置】对话框，单击【顶端标题行】文本框后的按钮，如左下图所示。

步骤 02 折叠对话框，在工作表中按住【Shift】键，拖动鼠标选择第1行和第2行，设置打印的标题区域，单击按钮展开对话框，如右下图所示。

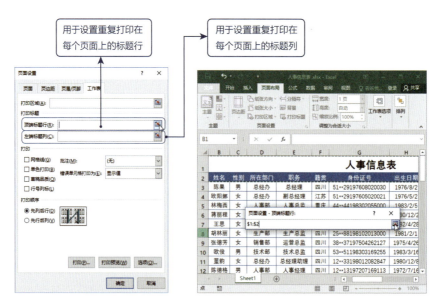

步骤 03 单击【打印预览】按钮，即可进入打印预览页面，查看打印效果，可以发现第2页已显示标题行和表字段，如下图所示。

专家点拨 ─── 打印的标题行或标题列可以同时选择多行或多列，但选择的多行或多列必须是连续的。

3 缩放打印

当一页打印不完，两页打印第 2 页内容又较少时，可以在【打印】页面中的【无缩放】下拉列表中选择相应的缩放选项，根据实际情况调整缩放比例，将所有打印内容放在同一页中进行打印。如右图所示，默认情况下，"绩效总分"列会在第 2 页中进行打印，但将缩放比例设置为【将所有列调整为一页】，就可以在第 1 页中进行打印。

4 打印页眉和页脚

为了方便查看打印出来的数据，一般情况下，需要对页数进行统计，根据页码进行排序和整理，有时还需要添加公司名称或 LOGO，这时我们可以通过添加页眉和页脚来实现，如下图所示。

页眉和页脚是指打印在每张纸页面顶部和底部的固定文字或图片。在【视图】选项卡下单击【页面布局】按钮，进入页面布局视图模式，单击【添加页眉】按钮，激活【页眉和页脚工具 - 设计】选项卡，结合该选项卡中的各个按钮对页眉页脚进行设置，如下图所示。

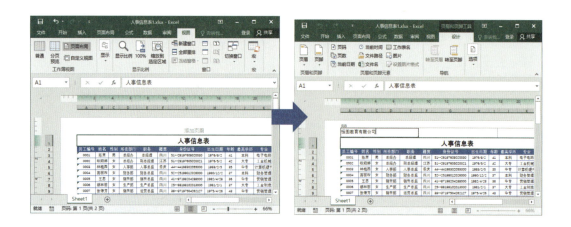

专家点拨　如果希望打印的多页表格首页或奇数页和偶数页显示不同的页眉和页脚，那么需要在【选项】组中选中【首页不同】复选框或【奇偶页不同】复选框，然后分别对首页的页眉和页脚或奇数页的页眉和页脚和偶数页的页眉和页脚进行设置即可。

 高手自测 1

在打印如工资条、员工信息表等列数较多的表格时，怎么才能让表格的列数完整地打印在一页上呢？

扫码看答案

1.2　影响 HR 工作效率的不规范操作

很多 HR 在使用 Excel 的过程中经常会出现各种问题，其实，很多时候并不是操作不熟练造成的，而是因为表格的一些不规范操作造成的。所以，HR 要想提高使用 Excel 处理工作的效率，需要认识和了解哪些操作属于不规范的操作，进而养成正确的习惯，为数据的快速处理与分析打下良好的基础。

1.2.1　多行表头滥用

很多人在设计表格时，习惯使用多行表头，先将标题分为几大类，再进行细分，如下图所示。其实，这种分法没有错，但在数据源表格中不能应用。因为在 Excel 默认的规则中，表格第1行为标题行，多行表头会给后续的数据处理与分析（如排序、筛选、分类汇总等）操作带来麻烦。

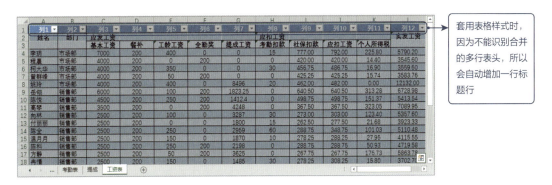

麻烦一：套用表格样式时标题行出错

为表格套用表格样式后，默认会将选择的第1行作为标题行。如果表格拥有多行表头，那么套用表格样式后，表格标题行会出错，而且表格样式可能不会应用于表格中。如下图所示为多行表头应用表格样式后的效果。

麻烦二：影响排序

对多行表头的数据进行排序时，如果多行表头有合并单元格存在，那么通过【升序】和【降序】按钮进行排序时，会打开提示对话框，提示"若要执行此操作，所有合并单元格需大小相同。"信息，如左下图所示。也就是说，要执行排序操作，必须取消单元格的合并，但取消单元格合并后，如果还是多行表头，那么执行排序操作后，表头可能被排在最后或多行表头分开排列，如右下图所示。

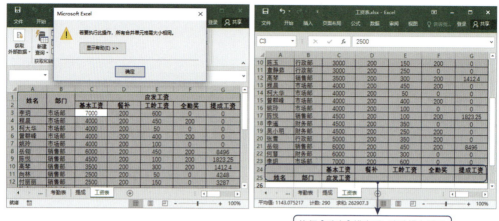

执行【升序】排序后,表头排在最后

麻烦三:影响筛选

对多行表头执行筛选操作后,将只会在多行表头第 1 行添加筛选下拉按钮,如果多行表头不存在合并单元格,那么可以执行筛选操作,对筛选的影响不大;但如果存在合并单元格,那么将不能正常执行筛选操作。例如,下图所示表头中存在合并单元格,进入筛选状态后,只会在合并的单元格右侧添加筛选下拉按钮,并且筛选下拉列表中只能对合并单元格的第 1 列进行筛选操作。

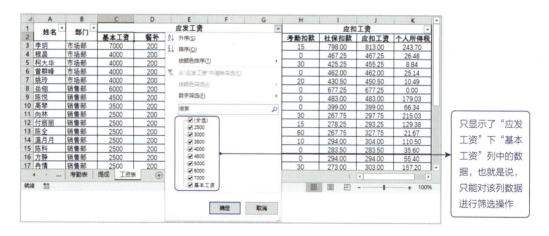

只显示了"应发工资"下"基本工资"列中的数据,也就是说,只能对该列数据进行筛选操作

麻烦四:影响分类汇总

当需要对表格进行分类汇总时,如果表格应用的是多行表头,那么执行分类汇总操作后,将会打开提示对话框,提示"Microsoft Excel 无法确定当前列表或选定区域的哪一行包含列标签,因此不能执行此命令。"信息,如左下图所示。就算单击【确定】按钮能打开【分类

汇总】对话框，在【选定汇总项】列表框中也只会出现第 1 行的表头名称，而第 2 行的表字段名称将会以好多列的形式出现，如右下图所示。

麻烦五：创建数据透视表时出错

对多行表头的表格创建数据透视表时，会提示数据透视表字段名无效，如下图所示，也就不能创建数据透视表了。因此，在设计数据源表格时，最好避免设计多行表头。

1.2.2 多此一举的合计行

很多人在对数据进行统计和汇总分析时，喜欢人为地加入合计行，觉得查看起来非常直观、方便。其实，人为地添加合计行不仅需要花费大量的时间，而且进行计算或排序时，容易出现很多问题，也不符合表格的设计原则。

如果要想对表格中的数据进行汇总，那么可直接使用 Excel 的数据透视表或分类汇总功能。这样不仅高效，而且看完汇总结果后，还可快速地将表格恢复原状。

需要注意的是，有些人事表格中需要有合计行或合计列，如右图所示。

1.2.3 随意合并单元格

在 Excel 中,并不是完全不能合并单元格,而是要分情况,一般只用于打印的人事表格,可以根据需要进行单元格的合并操作;而对于人事统计表和汇总表,则不要对报表中除了标题行外的其他单元格进行合并操作,因为这会对后续的排序、汇总、筛选和数据透视等工作造成错误。

左下图所示为由于统计表中有合并单元格,导致数据表中的单元格大小不相同,致使排序不能进行;右下图所示为由于统计表中有合并单元格,导致数据透视表不能正确统计数据。

1.2.4 字段顺序混乱

字段顺序安排是否合理,直接关系着表格逻辑结构是否清晰。因此,字段顺序应该按事情发展的逻辑顺序进行安排。

例如,制作招聘预算表结构,先厘清结构顺序:招聘批次、招聘部门、招聘人数、招聘岗位、招聘时间,以及招聘渠道、费用等。经过分析整理后,可以得到字段和字段顺序为:项次(批次)、部门、人数、岗位、希望报到日期,如左下图所示。

又如,制作部门绩效考核表,思路顺序应该是:第几次考核、目标绩效、实际完成绩效、完成的比例、未完成的原因、相应的评分等。大体可以确定字段和字段顺序为:序号、目标、目标完成情况、权重、未完成原因分析和自评分,如右下图所示。

1.2.5 同类内容名称不统一

在日常生活中，可能觉得“大专”和“专科”两个词没什么区别，但在Excel中，如果要想将一样的内容识别出来，那么输入的内容必须完全一致，否则在执行排序、筛选、公式引用等操作时将无法正确识别。例如，在“人事信息表”中，在学历列中有“大专”和“专科”两个数据名称，实际上“大专”和“专科”是同一学历，但按学历进行排序后，“大专”和“专科”并没有被排列到一起，如下图所示。因此，为了整个统计表的严谨性，在Excel中，同类内容名称必须统一。

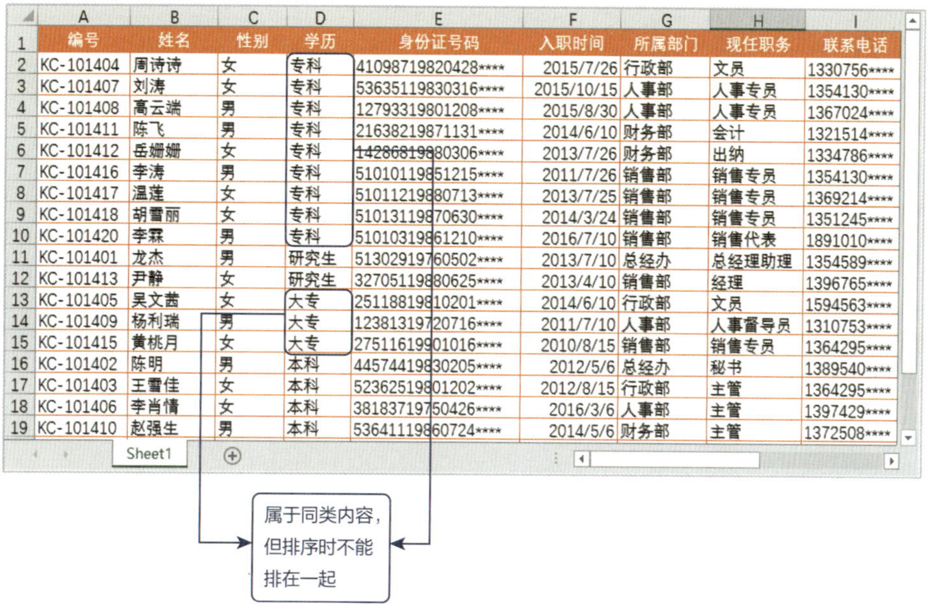

	A	B	C	D	E	F	G	H	I
1	编号	姓名	性别	学历	身份证号码	入职时间	所属部门	现任职务	联系电话
2	KC-101404	周诗诗	女	专科	41098719820428****	2015/7/26	行政部	文员	1330756****
3	KC-101407	刘涛	女	专科	53635119830316****	2015/10/15	人事部	人事专员	1354130****
4	KC-101408	高云端	男	专科	12793319801208****	2015/8/30	人事部	人事专员	1367024****
5	KC-101411	陈飞	男	专科	21638219871131****	2014/6/10	财务部	会计	1321514****
6	KC-101412	岳姗姗	女	专科	14286819880306****	2013/7/26	财务部	出纳	1334786****
7	KC-101416	李涛	男	专科	51010119851215****	2011/7/26	销售部	销售专员	1354130****
8	KC-101417	温莲	女	专科	51011219880713****	2013/7/25	销售部	销售专员	1369214****
9	KC-101418	胡雪丽	女	专科	51013119870630****	2014/3/24	销售部	销售专员	1351245****
10	KC-101420	李霖	男	专科	51010319861210****	2016/7/10	销售部	销售代表	1891010****
11	KC-101401	龙杰	男	研究生	51302919760502****	2013/7/10	总经办	总经理助理	1354589****
12	KC-101413	尹静	女	研究生	32705119880625****	2013/4/10	销售部	经理	1396765****
13	KC-101405	吴文茜	女	大专	25118819810201****	2014/6/10	行政部	文员	1594563****
14	KC-101409	杨利瑞	男	大专	12381319720716****	2011/7/10	人事部	人事督导员	1310753****
15	KC-101415	黄桃月	女	大专	27511619901016****	2010/8/15	销售部	销售专员	1364295****
16	KC-101402	陈明	男	本科	44574419830205****	2012/5/6	总经办	秘书	1389540****
17	KC-101403	王雪佳	女	本科	52362519801202****	2012/8/15	行政部	主管	1364295****
18	KC-101406	李肖情	女	本科	38183719750426****	2016/3/6	人事部	主管	1397429****
19	KC-101410	赵强生	男	本科	53641119860724****	2014/5/6	财务部	主管	1372508****

Sheet1
属于同类内容，但排序时不能排在一起

1.2.6 通过空格来对齐

很多制作者在不知道表格的制作原则和规范时，为了让同列名称数据的宽度保持一致，会人为地在一些数据中添加空格，特别是在姓名数据中最常见，如左下图所示。看起来好像没什么问题，但是在计算、汇总数据时，Excel不会将“李娜”和“李 娜”（有空格）判断为一个人，所以计算或汇总出来的结果将会不正确。例如，在“数据”工作表中查询“李娜”的相关信息，将其显示在“信息查询”工作表中，但在该工作表的B1单元格中输入“李娜”后，在“数据”工作表中并没有查询到其相关信息，因为输入的是“李娜”，而非“数据”工作表中的“李 娜”（有空格），所以返回的结果均为错误值“#N/A”，如右下图所示。

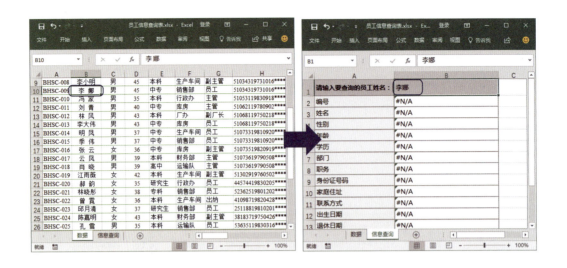

 在数据源表格中,空格是绝对不能出现的,对于已经存在的空格,可采用查找和替换的方法批量删除。

1.2.7 不同类别的数据放一起

在 Excel 中,某些不同类别的数据放置在同一列或同一行,例如,将劳动合同的起止时间放置在同一列,如下图所示。这样做虽然不会影响数据的查看,但当需要根据劳动合同的起止时间对劳动合同的签订年限、续签的时间等进行统计时,就不能使用公式和函数来完成了,只有通过计算器或其他方式来计算,非常不方便。因此,在 Excel 中,同类数据可以放置在同一列或同一行中,不同类别的数据要分行或分列放置。

编号	姓名	部门	职务	合同起止时间
00001	李露	一车间	主管	2010/11/10至2020/11/11
00002	江月	一车间	组长	2012/11/13至2020/11/14
00003	林风	一车间	普工	2012/11/14至2018/11/15
00105	萧羽	一车间	普工	2015/12/15至2022/12/16
00104	陈自豪	一车间	普工	2012/11/18至2022/11/19
00106	陈云林	一车间	普工	2016/5/17至2019/11/18
00019	李大伟	一车间	普工	2015/11/17至2019/11/18
00017	张云	二车间	主管	2015/11/15至2024/11/16
00113	刘宗	二车间	组长	2016/11/16至2023/11/17
00018	黄明	二车间	普工	2014/11/13至2017/11/14
00111	明至高	二车间	普工	2012/11/13至2021/11/14
00112	陈史诗	二车间	普工	

如果不同类别的数据已经放置在同一列,如上图所示,要想将不同类别的数据放置在不同的列中,可以通过 Excel 提供的分列功能快速实现。具体操作步骤如下。

步骤01 在工作表中选择需要分列的单元格区域，单击【数据】选项卡下【数据工具】组中的【分列】按钮，如左下图所示。

步骤02 打开【文本分列向导】对话框，保持默认设置，单击【下一步】按钮，如右下图所示。

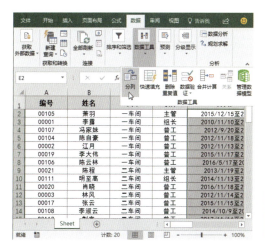 

步骤03 在打开的对话框中选中【其他】复选框，在其后的文本框中输入分隔符号，这里输入"至"，单击【下一步】按钮，如左下图所示。

步骤04 在打开的对话框中单击【完成】按钮，返回工作表编辑区，即可查看分列后的效果，然后对分隔后列的格式进行设置即可，如右下图所示。

1.2.8　日期格式不规范统一

在日常工作中，不规范的日期格式经常遇到，如"2018.3.16""18/3/16""20180316"

"2018\3\16"等。这些不规范的日期格式,将会对数据的筛选、排序、公式计算及数据透视表分析等操作造成错误,如左下图所示为 E 列日期格式不正确,导致计算结果显示为错误值"#VALUE!"。因此,必须对日期格式进行规范统一。在 Excel 中,规范的日期格式一般用"-""/"符号连接年、月、日,如"2018-3-16""2018/3/16"等。

需要注意的是,日期格式规范统一的不仅仅是格式,还要注意同一表格中或是同一列中不能有多种日期格式数据,如右下图所示。虽然不会影响计算结果,但会显得杂乱,不规整。

1.2.9 数字格式不规范

在 Excel 中,数据分为文本型数字和数值型数字,文本型数字不能参与计算,而数值型数字可以参与各种计算。虽然在输入过程中,Excel 会自动识别输入的数据类型,但很多人在设置数字格式时,并不注意这些数字格式的规范,有时会将数值型数字转换为文本型数字,导致计算出现错误。

例如,左下图所示为规范的数字进行求和计算,得出的绩效总分;右下图所示为将"工作能力"列的数据更改为文本型数字后,得出的错误结果。

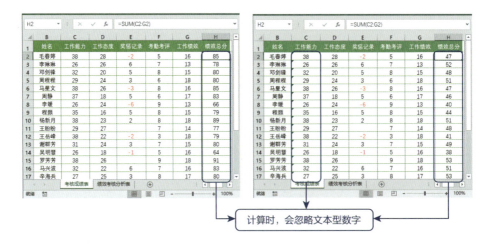

计算时,会忽略文本型数字

专家点拨 将数值型数字转换为文本型数字后，单元格左上角会出现一个绿色的三角形，它表示此数据类型为文本型数字。

在 Excel 中，有两种情况需要将数值型数字刻意更改为文本型数字：一种是输入以 "0" 开头的员工编号；另一种就是位数较多的身份证号码，这两种情况在第 5 章的 5.1.2 小节和 5.1.3 小节进行了详细讲解，这里不再赘述。

高手自测 2

当对多行表头进行筛选时，默认会将筛选下拉按钮添加到第 1 行表头中，怎么将筛选下拉按钮添加到第 2 行表头中呢？

扫码看答案

1.3 HR 需掌握的"偷懒"技能

职场工作讲究的是效率，如何在最短的时间以最快的方式完成一件事情，也是 HR 应该掌握的技能。下面介绍一些 Excel 高效的"偷懒"技能，以帮助 HR 提高工作效率。

1.3.1 导入数据有诀窍

并不是所有的人事数据都会存放在 Excel 文档中，有时会根据情况存放在其他软件或文件中，如 Access 数据库、文本文件等。要想将其他文件中的数据移动到 Excel 中进行处理，可以通过以下两种方法快速实现。

1 复制粘贴法

如果只是临时将 Access 数据库或文本文件中的全部数据或部分数据移动到 Excel 中进行处理，那么可以通过"复制 + 粘贴"的方法将数据复制到 Excel 中，但这种方法只适合数量很少的情况。首先在 Access 数据库中复制需要的数据，然后将复制的数据粘贴到 Excel 工作表中即可，如下图所示。

2 导入法

如果 Access 数据库或文本文件中的数据较多,则可以采用 Excel 提供的导入外部数据功能,直接将 Access 数据库、文本文件中的数据导入 Excel 中,相对于复制粘贴法来说,导入法更快,准确率也更高。

以获取 Access 数据库中的数据为例,介绍在 Excel 中获取外部数据的方法,具体操作步骤如下。

步骤 01 在空白工作簿中选择 A1 单元格作为存放 Access 数据库中数据的起始单元格,单击【数据】选项卡下【获取外部数据】组中的【自 Access】按钮,如左下图所示。

步骤 02 打开【选取数据源】对话框,选择需要打开的数据库文件的保存位置,在列表框中选择需要打开的文件,单击【打开】按钮,如右下图所示。

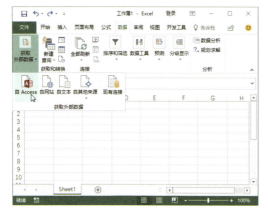
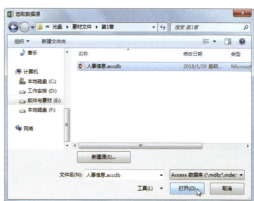

步骤 03　打开【导入数据】对话框,在【请选择该数据在工作簿中的显示方式】栏中,根据导入数据的类型和需要选择相应的显示方式,这里保持默认设置,单击【确定】按钮,如左下图所示。

步骤 04　即可将 Access 数据库中的数据导入 Excel 工作表中,如右下图所示。

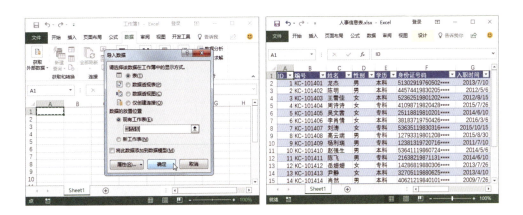

如果提供的"人事信息.accdb"文件中有两个或两个以上的数据表,那么选择数据源文件后,会打开【选择表格】对话框,选择需要导入数据的单个表或多个表,如下图所示。单击【确定】按钮,才会打开【导入数据】对话框。

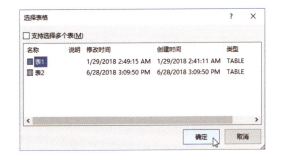

1.3.2　高效输入数据

在输入人力资源数据时,经常需要在某列或某行的多个单元格中输入相同或有规律的数据,如学历、部门、员工编号、日期等。此时,可以采用以下输入数据的方法,以提高建表效率。

1　填充相同的数据

如果需要在连续的单元格中输入相同的数据,则可以先在起始单元格输入目标数据,然后选择该单元格，将鼠标指针移动到该单元格的右下角，当鼠标指针变成＋形状时，按住鼠标左键，拖动鼠标进行相同数据的填充，如下图所示。

2　一次性输入相同的数据

拖动鼠标填充相同数据的方法只适用于连续的多个单元格，当需要在多个不连续的单元格中输入相同的数据时，可以按住【Ctrl】键，选择需要输入相同数据的单元格，然后输入数据，如左下图所示。再按【Ctrl+Enter】组合键，即可在已选择的单元格中输入相同的数据，如右下图所示。

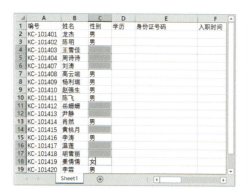 

3　填充有规律的数据

对于有规律的序列数据，如编号、日期、星期或是工作日等数据，可直接用填充柄进行填充。在工作表的单元格中输入数据，将鼠标指针移动到单元格右下角，当鼠标指针变成＋形状时，向下拖动鼠标进行填充。如果填充的是序列数据，则可单击【自动填充选项】按钮，在弹出的下拉列表中选中【填充序列】单选按钮，即可填充序列，如下图所示。

 专家点拨 填充序列下拉选项会随着单元格中的数字类型变化而变化，如果单元格中输入的是日期数据类型，那么在填充下拉选项中就会出现有关日期的单选按钮。

1.3.3 快速填充数据

快速填充功能是 Excel 2013 及以上版本才拥有的，它可以根据当前输入的一组或多组数据，参考前一列或后一列中的数据来智能识别数据的规律，然后按照规律进行数据填充，这样可以提高数据处理的效率。

Excel 中的快速填充功能主要体现在添加字符、提取数据、规范数字格式和合并字符 4 个方面，如下图所示。

1 添加字符

当需要向已知的字符串中添加字符，如为员工编号添加公司代码、为电话号码添加分隔符"-"、为日期添加斜杠"/"等时，手动添加效率会非常慢，而且容易出错，但利用快速填充功能，则可自动根据输入的数据特点，识别你的填充意图，快速填充需要的数据。

例如，在"员工基本信息表"中为手机号码添加分隔符（-），具体操作步骤如下。

步骤 01 在工作表的"联系电话"列后面插入一列空白单元格,在 K2:K3 单元格区域中使用分隔符区分手机号码,然后选择 K3 单元格,单击【数据工具】组中的【快速填充】按钮,如左下图所示。

步骤 02 即可根据前一列数据,自动快速填充数据,效果如右下图所示。

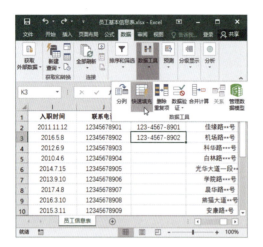 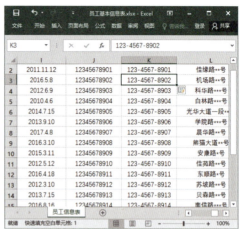

 专家点拨 在执行快速填充操作时,可以按【Ctrl+E】组合键来实现。

2 提取数据

在 Excel 2013 以前的版本中,提取字符串中的字符只能通过 LEFT、RIGHT、MID、FIND 等文本函数来提取,而在 Excel 2013 及以上版本中,通过快速填充功能就能快速完成。

如果要将下图字符串中的数字提取出来,但由于源数据缺乏规律,因此使用函数无法提取出来。这时就可以使用快速填充功能来实现。操作方法是:在各字段下的第 1 行中输入要提取的内容,依次选择第 2 行中的单元格,按【Ctrl+E】组合键,就能根据第 1 行的提取规律将内容提取出来并填充到单元格中,如下图所示。

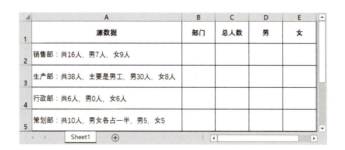

专家点拨 在填充数据时,按【Ctrl+E】组合键后,若打开如下图所示的提示对话框,表示 Excel 不能根据输入的数据识别出填充规律,则需要重新输入带规律的数据,或者多输入几组数据,以更好地识别出填充规律。

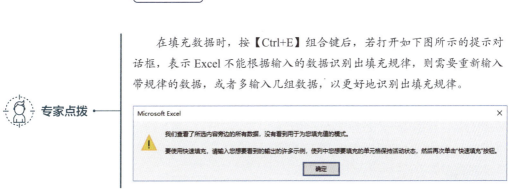

例如,要提取身份证号码中的出生年月,相对于使用 MID 函数而言,使用快速填充功能提取速度更快。但需要注意的是,使用快速填充功能提取出来的是字符,所以在提取出生年月时,需要先设置单元格的日期格式。具体操作步骤如下。

步骤 01 在工作表中选中 G2:G21 单元格区域,打开【设置单元格格式】对话框,将【数字】选项卡【分类】设置为【自定义】,将【类型】设置为【yyyy/mm/dd】,单击【确定】按钮,如左下图所示。

步骤 02 在 G2:G4 单元格区域中输入前 3 位员工的出生年月,然后选择 G5 单元格,按【Ctrl+E】组合键,将根据前面 3 个单元格中数据的规律,智能提取员工的出生年月,如右下图所示。

第1章 Excel,HR必知必会的工具　29

专家点拨 —— 当"快速填充"的结果不准确时，可以多给出两个示例，这样就能更准确地识别。例如本例中，如果只输入前一位员工的出生年月，则填充的员工出生日期将全部是"25"，输入前两位员工的出生年月，则识别出的员工出生日期将全部是"15"和"25"，只有输入3位员工的出生年月，才能正确识别出员工的出生日期。

3 规范数字格式

如果在表格中输入了像"2011.11.12"和"11.11.12"这样的日期格式，但Excel并不能识别这样的日期格式。因此，对于这样的日期格式既不能通过格式转换为日期，也不能参与日期的计算。针对这一情况，可以使用快速填充功能来实现。在不规范的日期格式后面插入一列空白列，根据前一列数据输入一组示例，然后按【Ctrl+E】组合键，将前一列不规范的日期格式转换为规范的日期格式，如下图所示。完成正确转换后，可将有不规范数字格式的那列数据删除即可。

专家点拨 —— 不管是不规范的日期格式，还是不规范的数值格式、货币格式等都能通过快速填充功能进行规范。

4 合并字符

当需要将工作表中多个单元格中的数据合并到一个单元格时，很多人习惯使用合并字符"&"来实现。其实，通过快速填充功能也能轻易实现，并且合并时还能对多列数据的顺序进行调整。

例如，当需要将"员工基本信息表"中的"街道"和"市区"列合并到"住址"列，并按"市区—街道"的顺序进行合并时，可先在"住址"列的第1个单元格中输入符合顺序的员工地址，再选择第2个单元格，按【Ctrl+E】组合键，即可快速合并字符，并填充在单元格中，如下图所示。

1.3.4 精确定位数据

在处理人事信息、招聘、培训、工资表等方面的数据时，可能少则几十条，多则几百条数据，当需要对符合某个条件的几十个或几百个单元格进行编辑处理时，我们可以采用Excel的"定位"功能来进行批量编辑处理。

"定位"功能可以精确定位所有包含特定类型数据或符合特定条件的单元格，这样可以对同时满足条件的单元格进行下一步操作，极大地提高了数据处理的效率。

在Excel中，按【Ctrl+G】组合键，打开【定位】对话框，单击【定位条件】按钮，如左下图所示。打开【定位条件】对话框，在该对话框中包含了15种基本定位规则，选择相应的定位规则，如选中【空值】单选项，单击【确定】按钮，即可快速定位选择表格区域的空白单元格，如右下图所示。

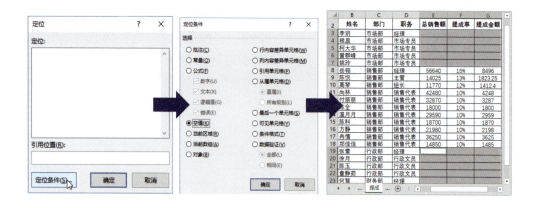

1.3.5 快速替换数据

若需要对表格中的多个单元格内容进行相同修改操作时,可以利用"查找+替换"功能来批量完成,这样不仅可以极大地提高工作效率,还可以减少失误,提高准确率。

1 批量替换多张工作表中的日期值

当遇到如下图所示的情况,3张工作表中的日期格式都是 Excel 中不能识别的日期格式,且只需要将"."换成"/"就能变成规范的日期格式时,手动修改的工作量会很大,而且容易漏改或错改,这时采用什么方法最快捷简便呢?

以上问题的解决可以通过 Excel 提供的查找和替换功能对日期格式进行批量替换。具体操作步骤如下。

步骤 01 打开【查找和替换】对话框,在【替换】选项卡下的【查找内容】文本框中输入".",在【替换为】文本框中输入"/",在【范围】下拉列表框中选择【工作簿】选项,单击【替换为】

文本框后的【格式】按钮，如左下图所示。

步骤 02　打开【替换格式】对话框，在【数字】选项卡下对日期格式进行设置，单击【确定】按钮，如右下图所示。

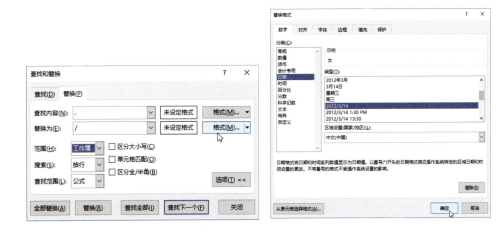

步骤 03　在【查找和替换】对话框中单击【查找全部】按钮，将在下方显示查找到的结果，单击【全部替换】按钮，则在打开的提示对话框中显示替换的处数，如左下图所示。

步骤 04　返回工作表中，即可查看到替换为日期格式后的效果，如右下图所示。

2　批量清除表格中的所有合并单元格

在对表格中相关单元格进行合并后，由于数据处理的需要，也可以取消单元格的合并。若表格中合并的单元格较多，单个操作比较麻烦，这时可通过查找功能快速选择表格中的所有合并的单元格，批量取消单元格的合并。

在 Excel 中，打开【查找和替换】对话框，在【查找】选项卡下单击【格式】下拉按钮，在弹出的下拉列表中选择【从单元格选择格式】选项。在工作表中选择合并的单元格，单击【查找全部】按钮，将在对话框中显示查找到的所有合并单元格。按【Ctrl+A】组合键选择所有的合并单元格，单击【对齐方式】组中的【合并后居中】按钮，即可取消所有单元格的合并，如下图所示。

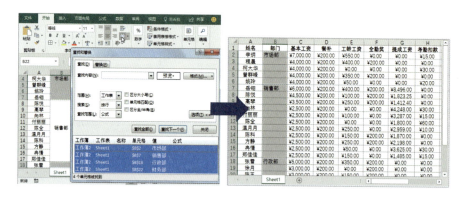

3 批量去掉数字中的小数部分

当需要直接将表格数字中的小数部分去掉，且去掉的小数部分不需要四舍五入时，可以利用查找和替换功能来批量完成。例如，"加班统计表"中的加班小时数，很多企业对加班半小时以上或 1 小时以上才视为加班，那么加班统计表中整数后的小数就不需要进行统计了。选择加班小时数据，在【查找和替换】对话框中的【查找内容】文本框中输入".*"，【替换为】文本框中不需要输入任何数据，单击【全部替换】按钮，就可去掉小时数中的小数部分，如下图所示。

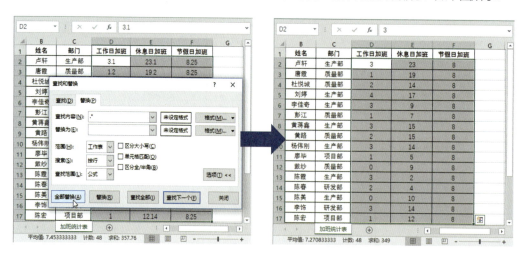

 查找内容中输入的"*"是通配符，表示小数点后的任意字符。在Excel中，通配符包括星号"*"和问号"？"。星号"*"可以代替任意数目的字符，可以是单个字符、多个字符或没有字符；问号"？"可以代替任意单个字符。

1.3.6 用好"选择性粘贴"功能

在处理人事数据的过程中，复制和粘贴可能是用得最为频繁的功能，但有时通过简单的复制粘贴却得不到想要的效果。例如，想把某个单元格的格式复制到另一个单元格中，运用简单的复制粘贴功能不仅会把格式粘贴过去，还会把单元格中的值粘贴到另一个单元格中。因此，就需要使用 Excel 提供的"选择性粘贴"功能。

当在 Excel 表格中复制了某个区域后，单击【开始】选项卡下【剪贴板】组中的【粘贴】下拉按钮，在弹出的下拉列表中选择【选择性粘贴】选项，打开【选择性粘贴】对话框，在该对话框中，主要提供了 4 种功能，如下图所示。

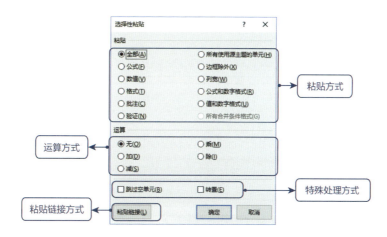

 在【粘贴】下拉列表中也提供了【选择性粘贴】对话框中的部分粘贴选项。当需要执行某种选择性粘贴方式时，也可以直接在【粘贴】下拉列表中进行选择。

1 粘贴方式

【选择性粘贴】对话框中提供了 12 种粘贴方式，主要是对普通数据和单元格格式的粘贴，如下图所示。

全部	包括数值内容、公式和格式等，其效果等于直接粘贴
公式	只粘贴文本和公式，不粘贴字体、格式、边框、注释等
数值	只粘贴文本和公式结果值
格式	仅粘贴源单元格格式，不改变目标单元格的文字内容（功能相当于格式刷）
批注	把源单元格的批注内容复制过来，不改变目标单元格的内容和格式
验证	将复制单元格的数据有效性规则粘贴到粘贴区域，只粘贴有效性验证内容，其他的保持不变
所有使用源主题的单元	将复制单元格中的主题样式（所谓的主题是指页面布局中的主题），并应用到目标单元格中，一般是跨工作簿时使用
边框除外	粘贴除边框外的所有内容和格式
列宽	使目标单元格和源单元格拥有同样的列宽，不改变内容和格式
公式和数字格式	仅从选中的单元格中粘贴公式和所有数字格式选项
值和数字格式	从选中的单元格中粘贴值和所有数字格式选项
所有合并条件格式	将复制的内容中含有的条件格式与被粘贴的目标区域条件格式叠加

例如，下图所示的"人员结构统计表"工作表左侧区域是表格原效果，中间区域是将原效果以"公式和数字格式"选择性粘贴后的效果，右侧区域是将原效果以"格式"选择性粘贴后的效果。

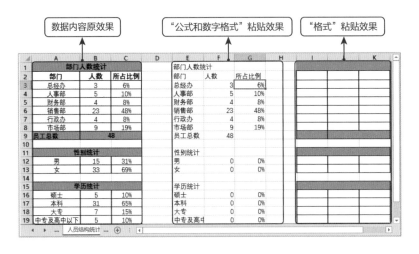

2 运算方式

在【选择性粘贴】对话框中提供了加、减、乘、除4种运算方式,用户可以在粘贴的同时进行批量运算,瞬间完成数据的处理。例如,当所有员工的岗位补贴都需要增加100元时,手动修改并不是最好的方法,而使用选择性粘贴就可以快速完成。具体操作步骤如下。

步骤 01 在工作表数据外的空白单元格中输入要增加的金额"100",按【Ctrl+C】组合键复制,选择E2:E19单元格区域,在【粘贴】下拉列表中选择【选择性粘贴】选项,如左下图所示。

步骤 02 打开【选择性粘贴】对话框,在【运算】栏中选中【加】单选按钮,单击【确定】按钮,如右下图所示。

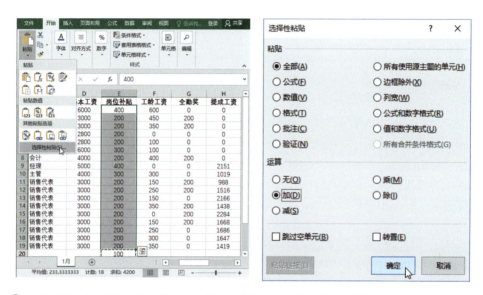

步骤 03 粘贴数据时,选择的每个单元格都将加上复制的数据"100",删除单元格中输入的加数"100",效果如下图所示。

3 特殊处理方式

特殊处理方式包括跳过空白单元格和转置两种。跳过空白单元格，是指当复制的源数据区域中有空单元格时，粘贴时空单元格不会替换粘贴区域对应单元格中的值；转置是指将被复制数据的列变成行，将行变成列。例如，右上图所示为离职汇总表中的原始数据，通过转置功能，将表格中的行数据变成列数据，列数据变成行数据，效果如右下图所示。

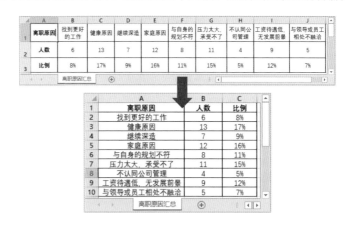

4 粘贴链接方式

【选择性粘贴】对话框中的【粘贴链接】按钮是指将被粘贴数据链接到活动工作表，粘贴后的单元格将显示公式，如下图所示。将表左侧中的数据以粘贴链接的方式粘贴到右侧时，不管是文本还是数据，都会显示为公式，而不是值。需要注意的是，如果复制单个单元格，粘贴链接到目标单元格，则目标单元格公式中的引用为绝对引用；如果复制单元格区域，则为相对引用。

1.3.7 快速分析工具

数据分析一直是很多人难以攻克的难题，因为不知道采用什么工具或什么方式分析数据最合理。其实，在 Excel 2013 及以上版本中可以轻松解决这一问题。Excel 提供了一个快捷好用的快速分析工具，它提供了格式化、图表、汇总、表格、迷你图等五大功能，如下图所示。

在对数据进行正式分析之前,可以利用这个工具快速浏览了解数据的分布及统计情况,从而提高工作效率。

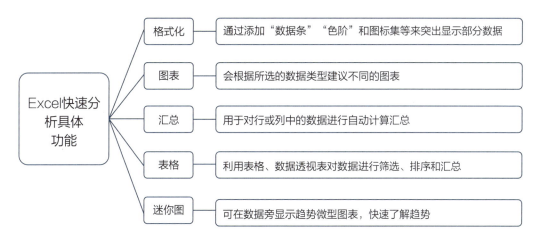

使用快速分析工具分析数据时,需要先选择待分析的数据区域,然后单击右下方出现的【快速分析】按钮 或按【Ctrl + Q】组合键,在【快速分析】库中,选择所需的选项卡,选择某个选项或者将鼠标移至某个选项上方即可查看预览。例如,左下图所示为使用快速分析工具对 B3:E14 单元格区域进行求和计算;右下图所示为格式化单元格区域。

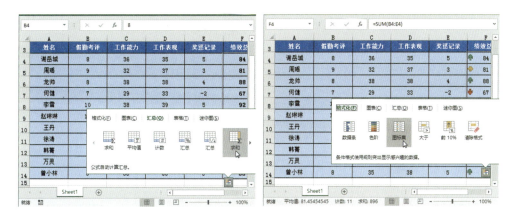

 高手自测 3

　　如下图所示,培训费用明细表中有很多空白单元格,为了方便区分这些单元格中没有数据,很多时候会用短横线"-"代替,那么怎么在空白单元格中快速输入短横线"-"呢?

扫码看答案

2018年培训费用预算明细表

时间/费用项目	培训课时费		场地费用		办公用品材料工本费用				制作费用			招待费用				交通费	住宿费	餐费
	内训课时费	外训课时费	培训场地费	笔记本	笔	资料纸张	海报、条幅	拍照摄影费	培训道具	复印费	饮用水费	茶叶、咖啡	水杯费					
1月	2000		500	200	50	30		100		450	120	300			50	500		2600
2月	600	6000	1000		70	45	280	200			23	80	150		43	200		2200
3月	800	3000	300		40	28					78	300	100	60				1500
4月	800			80	35	19			200		56	60			25	200		
5月	600	16000	1200	50	65	40	353	200			20	156	280	78	700	300		3000
6月	1600		700		15	8					18	30		63				
7月	800			100	20	10					12	72		24	200			
8月	1000	3000	400	200	10	6	105		450		35	38	200	36	300			1800
9月	1000			60	60	40					48	54		88	800			
10月		6000	900		10	6	82	100			90	120	100	25				1000
11月	800			100	10	10					56	60		38				
12月	800			100	30	19					77	40		73				

1.4 专业表格设计三部曲

很多人认为表格设计没有什么"技术活",只需要将标题和数据罗列出来。其实,这种观点是不正确的,要想设计出专业的表格,必须要考虑制作这个表格的背景、目的,表格需要包括哪些字段及要达到什么样的效果等。只有这样,设计出来的表格才能满足各种需要。

1.4.1 明确制表目的

在制作表格时要先明确制表目的,也就是通过表格需要达到什么样的目的。例如,领导要求对全年的招聘成果进行分析,分别按照预计招聘人数、实际招聘人数和招聘完成率来汇总每月的招聘成果,并且对全年招聘的完成情况进行统计分析。这时就需要建立一份招聘数据源表,其核心字段包括招聘月份、招聘岗位、预计招聘人数,以及实际招聘人数等,如下图所示。

招聘月份	招聘岗位	预计招聘人数	网络招聘	校园招聘	人才市场	实际招聘人数
1月	销售客服	2	1	0	1	2
1月	行政专员	1	2	0	0	1
1月	人事专员	3	0	0	0	0
2月	销售主管	2	1	0	1	2
2月	网络维护	6	3	0	0	3
2月	行政专员	2	2	0	0	2
2月	人事专员	1	0	0	1	1
3月	销售主管	1	1	0	1	2
3月	网络维护	4	3	0	1	4
3月	助理会计	5	4	0	1	5
3月	市场销售总监	3	0	0	2	2
4月	人事助理	7	4	0	3	7
4月	司机	3	0	0	3	3
4月	会计	2	2	0	0	2
4月	行政前台	6	4	0	2	6
5月	保洁	7	0	0	7	7
5月	市场专员	9	6	0	1	7
5月	发行人员	8	2	0	0	2
5月	销售客服	9	6	0	1	7
5月	销售经理	2	1	0	1	2
6月	总经理助理	1	0	0	2	2
6月	会计	3	2	0	0	2

→ 这只是截取了表格中的部分数据

数据源表格建立后，就可以得到领导想要的统计效果，对全年度招聘完成情况进行了统计，并且使用图表对全年招聘任务完成情况进行了分析，效果如下图所示。

1.4.2 设定表格字段

字段是对一列数据的统称，是 Excel 表格的框架。因此，字段的设定对于表格设计非常重要。要想设计出专业的表格，一般需要遵循 3 个步骤来设定表格字段，如右图所示。

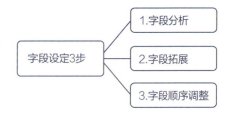

1 字段分析

很多人设计表格时，都不知道表格中应包含哪些字段才最合理。其实，大部分字段是根据制表目的而得来的。例如，某 HR 要统计各部门员工的年休假天数，从中可以得出：各部门 = 部门、员工 = 姓名、年休假天数 = 应休天数。因此，这张数据源表格中至少应该包含部门、姓名、应休天数 3 个字段。

2 字段拓展

3 个字段并不能撑起一张表格，所以需要进一步挖掘这些基础字段背后隐藏的其他字段。一般地，如果表格中要列出员工姓名和部门，那么员工编号是必不可少的，而且要统计年休假天数，就必须知道年休假天数是根据工作工龄来确定的，而工作工龄（指员工以工资收入为生活资料的全部或主要来源的工作时间，包括本企业工龄在内）是根据参加工作时间的长短来确定的，由此又可以得出，员工编号、工作工龄和参加工作时间 3 个字段。

3　字段顺序调整

做任何事情都要有一个基本的顺序，表格也一样。如果表格中的行列安排不符合顺序，那么看起来会非常别扭，没有逻辑。因此，在确定好表格中的字段后，还需要对表格字段进行排序，这样就能得到字段完整且排列正确的数据源表格了，效果如右图所示。

1.4.3　装饰美化表格

一张专业、优秀的表格，不仅字段安排要符合逻辑，还必须令人查看起来轻松、舒服，所以制作好表格后，还需要根据实际需要对表格进行装饰美化。表格的美化主要包括设置单元格格式、设置对齐方式、调整行高或列宽、添加边框和底纹等。

需要注意的是，对表格的美化一般不需要"浓妆艳抹"，如下图所示的表格，什么都想突出，结果却什么都突出不了。

表格的美化讲究舒服和直观，只要看着舒服，数据直观即可。例如，下图所示为对上图表格的美化效果进行修改后的效果。

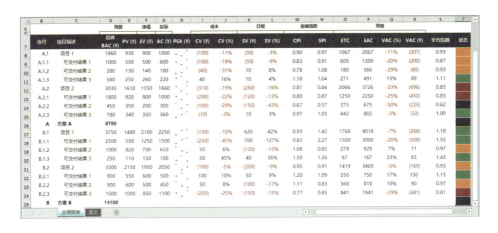

 高手自测 4

按照表格设计三部曲,如何对下图所示的表格进行设计、修改呢?

扫码看答案

高手神器 1:Excel 易用宝——提升 HR 工作效率

Excel 易用宝是由 Excel Home 开发的一款 Excel 功能扩展工具软件,针对 Excel 用户在数据处理与分析过程中的多项常用需求,开发出的相应功能模块,从而让烦琐或难以实现的操作变得简单可行,甚至能够一键完成,有效地提升了 Excel 的操作效率。在计算机中安装 Excel 易用宝后,将会以选项卡的形式存在于 Excel 中,如下图所示。

聚光灯是易用宝的一款聚光神器，在对大量的数据进行浏览时，难免会看花眼，漏看或错看，而聚光灯则可以高亮显示选中的单元格或单元格区域所在的行和列，准确无误地查看对应的行和列数据，如左下图所示。除此之外，还可以使用 Excel 自带的条件格式来实现隔行/列换色的功能，并且在插入新的行/列时，它会自动调整适应新的行/列，如右下图所示。

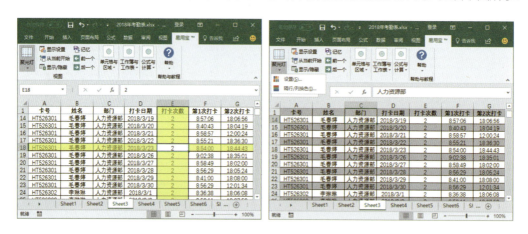

除此之外，易用宝中的转换和工作表管理等功能也很强大。例如，在 Excel 中需要多次操作进行的转换，在易用宝中一个命令就能实现，如左下图所示。又如，在 Excel 中批量对工作表进行命名时，需要通过控件或宏才能完成；而在易用宝中，一个对话框就能实现所有的操作，如右下图所示。因此，在人力资源管理过程中，结合易用宝可以帮助 HR 简化部分操作，有效提高工作效率。

 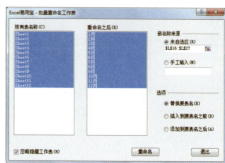

第 2 章

公式和函数，HR计算的法宝

　　接触过 Excel 的人都知道，公式和函数是 Excel 最具特色的功能之一，充分体现了 Excel 强大的计算功能。作为 HR，使用 Excel 处理工作事项时，肯定离不开数据计算。灵活、正确地使用公式和函数，可以帮助 HR 快速而准确地完成大量人事数据的统计工作，有效地提高工作效率。

请带着下面的问题走进本章

1. 学习公式和函数，必须掌握哪些知识？

2. 在面对比较长的公式时，怎样简化公式？

3. Excel 中的函数有几百个，作为 HR，哪些函数必须要掌握？

2.1 计算数据，这些知识必须牢记

HR 在计算人力资源数据时，首先需要掌握公式和函数应用的相关知识，这样才能提高数据计算效率和准确率。

2.1.1 公式的要素与运算符

Excel 公式是对工作表中的数据执行计算的一种等式，它以等号"="开头，运用各种运算符号将常量、单元格引用或函数等组合起来，形成表达式。要想快速地了解和使用公式，必须要掌握公式中包含的五大要素和 4 种运算符，如下图所示。

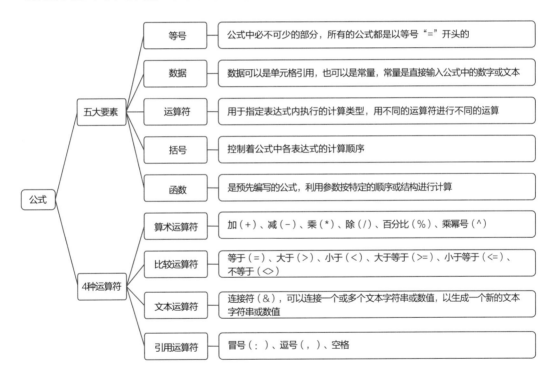

2.1.2 复制和填充公式的方法

在 Excel 中，当需要将已有的公式运用到其他单元格进行计算时，可以通过复制和填充公式的方法来实现。在 Excel 中，复制和填充公式的方法有 5 种，如下图所示，HR 可以根据

实际需要进行选择。

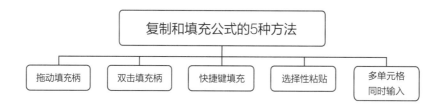

例如，在绩效考核表中的 H2 单元格中输入公式"=SUM(D2:G2)"，然后根据上面介绍的 5 种方法来快速复制和填充公式。

方法 01 拖动填充柄。与填充数据一样，选择 H2 单元格，将鼠标指针移动到单元格右下角，当鼠标指针变成为十字填充柄时，按住鼠标左键不放向下拖动，如左下图所示。

方法 02 双击填充柄。选择 H2 单元格，双击单元格右下角的十字填充柄，公式将向下填充到当前单元格所位于的不间断区域的最后一行，如右下图所示。

方法 03 快捷键填充。选择 H2:H19 单元格区域，按【Ctrl+D】组合键即可向下填充。

方法 04 选择性粘贴。选择 H2 单元格，按【Ctrl+C】组合键复制公式，选择 H3:H19 单元格区域，在【粘贴】下拉列表中选择【公式】选项，如左下图所示。

方法 05 多单元格同时输入。按住【Shift】键选择 H2:H19 单元格区域，或者按住【Ctrl】键选择不连续单元格区域（如选择 H3 单元格、H8 单元格、H12 单元格、H15 单元格和 H18 单元格后，再选择 H2 单元格），单击编辑栏中的公式，按【Ctrl+Enter】组合键，则在选择的单元格区域将输入相同的公式，并计算出结果，如右下图所示。

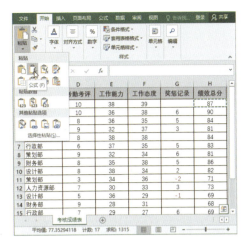

2.1.3 公式中常见的引用

引用是指对单元格的引用，是公式中使用最多的要素之一，其目的是指明数据……公式中输入单元格引用后，Excel 会自动根据引用的行号和列标来寻找单元……的数据进行计算。

最常见的 4 种引用分别是相对引用、绝对引用、混合引用、跨工作表……引用有不同的表现形式，如下图所示。

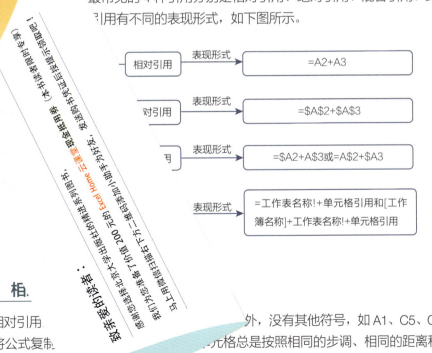

1　相

相对引用……外，没有其他符号，如 A1、C5、C100 等，
无论将公式复制……元格总是按照相同的步调、相同的距离和方向在

第2章　公式和函数，HR计算的法宝　49

工作表区域中移动。

例如，下图所示的员工实发工资是由工资和奖金两部分组成的，基本工资部分员工的一样，但奖金是完全不相同的，如果要计算员工的实发工资，那么公式中引用的单元格就必须随着员工的不同而变化，所以使用相对引用最合适。将 E3 单元格中的公式"=C3+D3"复制到 E4 单元格中后，公式将变成"=C4+D4"。

2 绝对引用

绝对引用表示在单元格地址的行号和列标前均添加"$"符号，以锁住单元格的位置，如 $C$2、$M$5 等。无论将公式复制到哪里，引用的单元格都不会发生任何变化。例如，在 E4 单元格中输入公式"=D4*$E$2"，公式中的"$E$2"表示绝对引用，因为在计算员工的绩效奖金时，员工的绩效发放比例都是采用"8%"，所以将公式复制到 E5:E19 单元格区域中后，公式中绝对引用部分始终没有发生变化，只有相对引用发生了变化，如下图所示。

3 混合引用

混合引用，是指相对引用与绝对引用同时存在于一个单元格的地址引用中，它具有两种形式，即绝对列和相对行、绝对行和相对列。绝对列采用 $A1、$B1 等形式，绝对行采用 A$1、B$1 等形式。

在混合引用中，无论将公式复制到哪里，绝对引用的部分保持绝对引用的性质，即地址保持不变；而相对引用的部分同样保留相对引用的性质，即随着单元格的变化而变化。例如，G2 单元格中的公式"=$D2+$E2+F$2"，将公式复制到 G3:G17 单元格区域中后，只有公式中引用的行发生了变化，列未发生变化，如下图所示。

专家点拨

手工输入"$"符号较为烦琐，可以通过按【F4】键快速进行循环切换。其方法是：先将鼠标光标定位到公式中需要添加引用符号的单元格引用中，按 1 次【F4】键是绝对引用，按 2 次是绝对行引用，按 3 次是绝对列引用……以此类推。

4 跨工作表和工作簿引用

在 Excel 公式中，单元格引用没有限制范围，既可以引用当前工作表中的单元格或单元格区域，也可以引用同一工作簿其他工作表或其他工作簿中的单元格或单元格区域。特别是在对考勤表、工资表和员工档案表中的数据进行整理和统计时，经常需要跨工作表或工作簿引用单元格。

在 Excel 公式中，引用同一工作簿其他工作表中的单元格区域时，需要在单元格地址前加上工作表名称和半角叹号"!"，如左下图所示的公式"= 员工基本工资 !H3"表示引用"员工基本工资"工作表中的 H3 单元格。

当引用的单元格与公式不在同一工作簿时，其表述方式是"[工作簿名称]+ 工作表名称！+ 单元格引用"，如右下图所示的公式"=COUNTIF([员工合同到期情况 .xlsx]

Sheet!$K$2:$K$26,0)"表示引用"员工合同到期情况"工作簿中"Sheet"工作表中的 $K$2:$K$26 单元格区域。

2.1.4 函数的输入方法

在 Excel 中，函数的输入方法不只一种，可以根据个人习惯或当前实际情况来选择函数的输入方法。

1 自动插入函数

对于常见的求和、平均值、计数、最大值和最小值等计算，可以通过 Excel 提供的自动求和功能来实现。在表格中选择存放计算结果的单元格，在【公式】选项卡下的【函数库】组中单击【自动求和】下拉按钮，在弹出的下拉列表中选择需要的求值选项。Excel 将智能地根据所选取单元格区域和数据情况，自动选择公式统计的单元格范围，以实现快捷输入，如下图所示。如果自动识别的计算区域不正确，则可通过修改参数，重新指定要参与计算的数据，提高工作效率。

2 选择合适的函数插入

如果需要的函数在【自动求和】下拉列表中找不到，但知道函数所属的类别，那么可以单击【公式】选项卡下【函数库】组中对应的函数类别按钮，在弹出的下拉列表中选择需要的函数即可，如左下图所示。

如果不知道使用什么函数进行计算，那么可以通过单击【公式】选项卡下【函数库】组中的【插入函数】按钮，打开【插入函数】对话框，在【选择函数】列表框中选择某个函数后，在该列表框下方会显示该函数的相关信息，这样就可以根据相关信息来决定是否使用这个函数，如右下图所示。

当确定使用选择的函数后，单击【确定】按钮，在打开的【函数参数】对话框中显示该函数的参数，并对正在设置的函数参数进行说明，如下图所示。HR 可以根据提示信息精准地设置参数，对于不熟悉函数的 HR 来说，该方法非常实用。

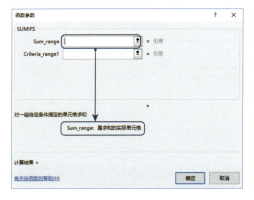 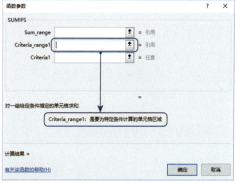

3　手动输入函数

如果熟悉函数的具体用法，能正确书写出函数或函数前面的一个或几个字母，那么可直接在单元格或编辑栏中输入包含函数的公式。因为 Excel 有"公式记忆式键入"功能，它可以根据输入的内容为用户提供备选的函数类别。

例如，在单元格中输入"=SU"后，Excel 将自动显示所有以"SU"开头的函数的扩展下拉菜单，如左下图所示。输入的函数字母越多，扩展下拉菜单中显示的函数范围就越小，如右下图所示。

当需要选择扩展下拉菜单中的函数时，可按【↑】键、【↓】键或直接单击；选择函数后，双击或按【Tab】键可将此函数添加到当前单元格中。

2.1.5　函数公式中常见的错误值

使用公式和函数计算数据时，虽然难免会遇到出错的情况，但不用担心，因为每一种错误，Excel 都会通过返回的错误值提示出错的原因。所以，只要能正确认识错误值，就能找到公式错误的原因，以便对症下药。

在 Excel 中，可能会出现的错误值有 8 种，如右图所示。

1　#DIV/0！错误值

在数学公式中 0 不能作为除数，Excel 中也不例外，如果给它一个 0 作为除数的公式（=10/0），那么计算结果会返回 #DIV/0！错误值，并且在单元格左侧出现错误检查按钮，将鼠标指针移动到这个按钮上，停留 2~3 秒，Excel 就会自动显示关于该错误值的信息，如左下图所示。

另外，在算术运算中，如果公式中使用了空白单元格作为除数，那么公式中引用的空白单元格会被当作 0 处理，如右下图所示。因此，当出现 #DIV/0！错误值时，首先应检查是否在公式中使用了 0 或空白单元格作为除数。

2　#VALUE！错误值

在 Excel 中，不同类型的数据，能进行的运算也不完全相同。因此，Excel 并不允许将不同类型的数据凑在一起，执行同一种运算。例如，将字符串"a"与数值 10 相加，则会返回 #VALUE！错误值，如右图所示。

3　#N/A 错误值

如果公式返回 #N/A 错误值，则可能是某个值对于该公式和函数不可用导致的。这种情况常出现于 VLOOKUP、HLOOKUP、LOOKUP、MATCH 等查找函数中，当函数无法查找到与查找值匹配的数据时，则会返回 #N/A 错误值。例如，右图中的公式

"=VLOOKUP(I2,$B$3:$F$11,5,0)"，因为在"$B$3:$F$11"单元格区域中没有查找到"李尧"，提供的查找值是不可用的，所以返回错误值 #N/A。

另外，如果在提供的查找值中没有输入数据，那么也将返回错误值。例如，左下图所示的公式"=VLOOKUP($B$1,数据!$B$2:$L$35,2,0)"是根据 B1 单元格进行查找的，但因为 B1 单元格中没有输入数据，所以返回 #N/A 错误值；如果在 B1 单元格中输入正确的员工姓名，按【Enter】键，就能根据 B1 单元格输入的值进行查找，如右下图所示。

4　#NUM！错误值

如果公式或函数中使用了无效数值，或者公式返回结果超出了 Excel 可处理的数值范围（科学记数法形式"9E+307"，相当于 9*10307），都将返回 #NUM! 错误值。例如，左下图所示的 DATE 函数的第 1 个参数不能设置为负数；右下图所示为公式中的"8*10^309"超出了 Excel 能处理的数值范围。

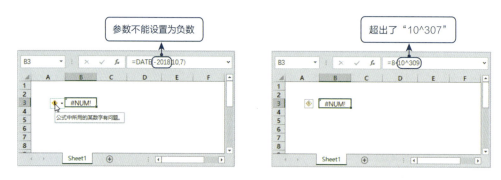

5　#REF！错误值

如果删除了已经被公式引用的单元格，如使用 SUM 函数对 A2:A5 单元格区域中的数据求和，当 A 列被删除后，公式引用的单元格区域就不存在了，公式就会返回 #REF！错误值。且公式中原来引用的单元格区域也会变成 #REF！错误值，如下图所示；或者公式中引用了一个根本不存在的单元格。

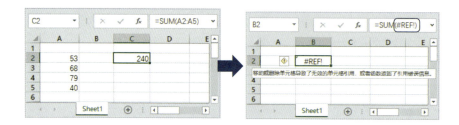

6　#NAME？错误值

在 Excel 中，如果公式中的文本没有写在英文双引号（""）之间，且这个文本既不是函数名也不是单元格引用或定义的名称，那么 Excel 无法识别这些文本字符，这时就会返回 #NAME？错误值，如下图所示。

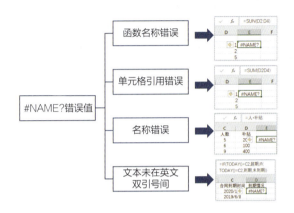

7　#NULL！错误值

如果公式返回 #NULL! 错误值，可能是因为在公式中使用空格运算符链接两个不相交的单元格区域，如左图所示的公式"=SUM(A2:A4 C2:C4)"，A2:A4 单元格区域和 C2:C4 单元格区域之间是空格运算符，其目的是返回这两个区域的公共区域的和，但因为 A2:A4 单元格区域和 C2:C4 单元格区域之间不存在公共区域，所以返回 #NULL！错误值。

8　##### 错误值

在 Excel 中，出现 ##### 错误值的原因只有两种：一种输入单元格列宽不够，如果单元格中的文本内容或数值位数较多，而列宽较窄，就会在单元格中显示错误值 #####，如左下图所示，只需要调整这些单元格所在的列宽即可；另一种就是在单元格中输入了不符合逻辑的数值，如在设置为日期格式的单元格中输入负数，无论将列宽调整多少，单元格都会显示错误值，如右下图所示。因为日期只能为正数，负数对于日期而言就是不符合逻辑的数值。

高手自测 5

公式正常计算，但却返回与期望不符的结果，这是怎么回事？

扫码看答案

2.2 Excel 中的命名公式

Excel 中的命名公式是指名称，之所以说名称是一个被命名的公式，是因为名称的引用位置总是以等号"="开头。

名称是给单元格区域、数据常量或公式定义的一个名字，可以直接在 Excel 公式中使用，增强公式的可读性。不仅如此，在数据验证、条件格式、动态图表等操作中也被广泛使用。因此，HR 也必须掌握名称的使用。

2.2.1 使用名称的七大好处

名称是一个便于记忆的标识符，它可以引用单元格、范围、值或公式。很多人可能会使用名称，但却不知道名称对于计算有哪些好处。下面将对使用名称的好处进行介绍，以便让更多人习惯使用名称。

（1）增强公式的可读性。使用名称的公式比使用单元格引用位置的公式易于阅读和记忆。例如，公式"= 销量 * 单价"比公式"=F6*D6"更直观，特别适合于提供给非工作表制作者的其他人查看。

（2）简化公式。当在同一个公式中需要重复使用相同的公式段进行计算时，公式会显得冗长，不利于查看和修改，但使用名称，则可以简化公式中重复出现的公式段。例如，在对员工的考核成绩进行优良评定时的公式是"=IF(SUM(B4:E4)>=90," 优 ", IF(SUM(B4:E4)>=80," 良 "," 差 "))"，将其中"SUM(B4:E4)"部分定义为"总成绩"，则公式可简化为"=IF(总成绩 >=90," 优 ", 总成绩 >=80," 良 "," 差 "))"。

（3）便于公式的统一修改。如果多个公式中都使用了同一个名称，那么对名称的引用位置、名称等进行更改后，所有使用这个名称的公式都将自动更新，代替手动进行更改，减少了公式出错的可能性。

（4）为图表提供动态的数据链接。当需要制作动态图表时，用名称方式定义动态数据列表，可以避免使用很多辅助列，跨表链接时能让公式更清晰。

（5）快速进行区域定位。在 Excel 工作界面中，单击名称框右侧的下拉按钮，在弹出的下拉列表中将显示定义的名称，选择某个名称，可快速定位到工作表的特定区域。

（6）解决在数据验证或条件格式中无法使用常量数组或交叉引用的问题。在对人力资源数据进行管理的过程中，经常会用到数据验证和条件格式，当设置某些数据验证或条件格式时会使用到公式。在 Excel 中，不允许在数据验证或条件格式中直接使用含有常量数组或交叉引用的公式，但可以将常量数组或交叉引用的部分定义为名称，应用于数据验证或条件格式中。

（7）优化或突破函数的嵌套限制。在 Excel 中，虽然可以使用嵌套函数来计算数据，但如果嵌套函数太多，公式太长，容易出错且不方便理解。此时，可以将全部或部分嵌套函数定义为名称，那么公式会变得更加简洁，理解起来也更加容易。

另外，在 Excel 2007 及以上版本中，虽然可以最大嵌套 64 层公式和函数，但如果要突破更多的嵌套层级，那么可将部分嵌套函数或公式定义为名称，这样就可以突破嵌套函数最大层级的限制了。

嵌套函数是指将某个函数作为另一个函数的参数使用，嵌套函数的方法与普通函数的使用方法相同。

2.2.2 名称命名的规则

在 Excel 中定义名称时，如果定义的名称不符合 Excel 限定的命名规则，那么会打开如下图所示的提示对话框。因此，对名称进行命名时，必须要遵循一定的命名规则。

（1）名称可以是任意字符与数字的组合，但名称中的第 1 个字符必须是字母、下画线"_"或反斜线"/"，如"_1AB"，而且字母不区分大小写，也就是说，名称"1ABC"和"1abc"是相同的。

（2）名称不能与单元格引用相同，如不能定义为"B5"和"C$6"等，也不能以字母

"C""c""R"或"r"作为名称,因为"R""C"在 R1C1 单元格引用样式中表示工作表的行和列。

(3)名称中不能包含空格,如果需要由多个部分组成,则可以使用下画线或点号代替。

(4)名称中不能使用除下画线、点号和反斜线以外的其他符号,允许用问号"?",但不能作为名称的开头。例如,定义为"1ABC?"可以,但定义为"?1ABC"就不可以。

(5)名称字符长度不能超过 255 个。一般情况下,名称应该便于记忆且尽量简短,否则就违背了定义名称的初衷。

2.2.3 定义名称的方法

在 Excel 中,定义名称的方法有 3 种,可以根据不同的情况来选用不同的定义方法。

1 使用名称框快速创建

当需要为某个单元格区域定义名称时,使用名称框创建是最快捷的方法。只需在 Excel 工作表中选择某个不连续或连续的单元格区域,在名称框中输入需要定义的名称,如输入"假勤考评",按【Enter】键就可完成名称的创建,如左下图所示。打开【名称管理器】对话框,在其中可查看创建的名称,如右下图所示。

名称框定义的名称作用范围为工作簿级,也就是说,定义的名称可以在同一工作簿中所有工作表中直接调用。如果需要定义为工作表级(在所属工作表中直接调用),需要在名称前添加工作表名称和感叹号,其表达形式为"工作表名+半角感叹号(!)+名称"。当需要跨表引用某个工作表级名称时,在公式中也需要以"工作表名+半角感叹号(!)+名称"形式输入。

2 使用"定义名称"新建

使用"定义名称"新建名称是最常用的一种方法,在创建过程中可以自由设置引用的范围,相对于其他创建方法来说,这种创建方法更灵活。单击【公式】选项卡下【定义的名称】组中的【定义名称】按钮,打开【新建名称】对话框,在其中对名称、范围、备注及引用位置进行设置即可,如下图所示。

3 根据所选内容批量创建

如果需要对工作表中多行多列单元格区域按标题行或标题列定义名称,那么可以先选择表格多行多列,单击【公式】选项卡下【定义的名称】组中的【根据所选内容创建】按钮,打开【根据所选内容创建名称】对话框,选中对应的复选框选项,单击【确定】按钮,即可根据选定区域批量创建名称,如下图所示。

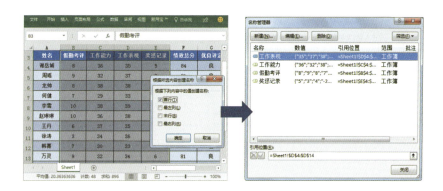

 专家点拨 — 不管是通过哪种方法创建的名称,当需要对名称进行编辑、修改和删除操作时,都必须通过名称管理器来执行。

高手自测 6

对于定义的名称，怎样参与到公式中进行计算？

扫码看答案

2.3 HR 必须掌握的七大函数

对于公司的 HR 来说，每月需要统计的数据非常多，如公司招聘情况、公司人员的考勤情况、员工每月的工资等。当然，在统计的过程中肯定需要借助一些函数公式来协助 HR 快速而又准确地获取结果。但 Excel 中包含的函数多达 500 种，记住和掌握每个函数的使用方法肯定是不现实的，对于 HR 来说，只需要掌握工作中常用到的函数即可。

2.3.1 快速求和，SUM 函数

SUM 函数在计算各种费用、员工培训成绩、员工工资和考勤等方面都会用到，它用于对所选单元格或单元格区域进行求和计算，其语法结构为：SUM(number1,[number2],...)。使用 SUM 函数时，最少为函数设置一个参数，最多只能设置 255 个参数。需要注意的是，如果参数是文本、逻辑值和空格，都将自动被忽略，如左下图所示。但不会忽略错误值，参数中如果包含错误值，公式将返回错误，如右下图所示。

 专家点拨　在 Excel 中，SUM 函数属于最简单且常用的函数，除此之外，AVERAGE、COUNT、MAX 和 MIN 函数也属于简单且常用的函数。其中，AVERAGE 函数用于计算平均值；COUNT 函数用于统计单元格个数；MAX 函数用于求最大值；MIN 函数用于求最小值。

2.3.2 按条件求和，SUMIF 函数

SUMIF 函数也是求和函数，与 SUM 函数不同的是：SUMIF 函数是对区域中满足条件的数据进行求和计算，其语法结构为：SUMIF (range,criteria,[sum_range])，如下图所示。其语法结构也可以理解为：SUMIF (条件区域 , 求和条件 , 求和区域)。

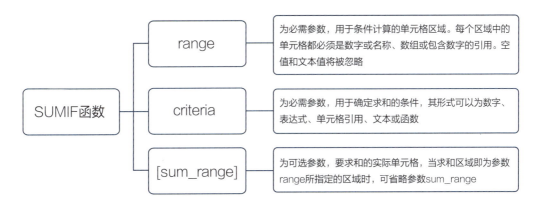

例如，在计算加班费时，计算员工的加班费只需要简单的公式或 SUM 函数就能实现。当要计算各部门结算的加班费总额时，就需要使用 SUMIF 函数来计算，具体操作步骤如下。

步骤 01 选择 J2 单元格，单击【公式】选项卡下【函数库】组中的【数学和三角函数】按钮，在弹出的下拉列表中选择【SUMIF】选项，如下图所示。

步骤 02 打开【函数参数】对话框，在参数框中分别输入参与计算的单元格引用，单击【确定】按钮，如左下图所示。

步骤 03 计算出项目部加班费总额，向下拖动控制柄,计算出其他部门的加班费总额,效果如右下图所示。

 专家点拨 在设置 criteria 参数时，criteria 中除数字外，其他任何文本条件或含有逻辑和数学符号的条件都必须使用括号括起来。另外，criteria 参数可使用通配符星号（*）和问号（？），都可以代替任意的数字、字母、汉字或其他字符，区别是：可以代替的字符数量，一个问号（？）只能代替一个任意的字符；而一个星号（*）则可以代替任意个数的任意字符。例如，"陈？"可以代替"陈华""陈萌"等，只要姓名是两个字，且姓陈的都可以；而"陈*"既能代表姓名是两个字，也能代表姓名是 3 个字或 3 个字以上，且姓陈的。

2.3.3 判断是与非，IF 函数

IF 函数在人力资源管理中使用频率非常高，如判定是否上缴个人所得税、判定培训是否合格、判定绩效是否达标、判定是否被录用等。通常用于判断是否满足某个条件，如果满足返回一个值；如果不满足，则返回另一个值。返回的值可以是字符串，也可以是逻辑值（false & true）和数值等。其语法结构为：IF(logical_test,[value_if_true],[value_if_false])，也可以理解为：IF(判断的条件 , 条件成立时返回的结果 , 条件不成立时返回的结果)。

使用 IF 函数既可以从多个结果中选择符合条件的一个结果，也可以结合 AND 函数判断是否同时满足多个条件或结合 OR 函数判断是否满足多个条件中的某个条件。

1　从多个结果中选择符合条件的一个结果

IF 最简单的用法就是在两种结果中选择符合条件的一个结果，如根据笔试成绩来判定面试员工是否合格，评定的标准为：如果分数达到 60 分，则评定为合格否则评定为不合格。公式为"=IF(B2>=60,"合格","不合格")"，如右图所示。

一个 IF 函数只能执行一次选择，当需要面对两次选择时，就需要用到两个 IF 函数，而第 2 个 IF 函数将用在第 1 个 IF 函数的参数位置。例如，当需要对员工的培训成绩进行优、良、差评定时，就需要面对两次选择，第 1 次选择是满足什么条件评定为优，第 2 次选择则是满足什么条件评定为良，否则评定为差，公式为"=IF(F2>90," 优 ", IF(F2>80," 良 "," 差 "))"，如下图所示。

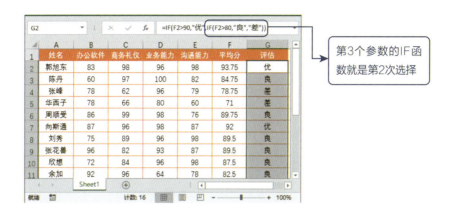

面临的选择越多，公式中使用的 IF 函数也就越多。

2　结合 AND 函数判断是否同时满足多个条件

当需要使用 IF 函数同时对多个条件进行判定时，就需要与 AND 函数嵌套使用。

AND 函数用于检测是否所有参数都为 TRUE，如果所有参数均为 TRUE，则返回 TRUE；如果有一个参数为 FALSE，则返回 FALSE，它相当于"并且"的意思。其语法结构为：AND(logical1,logical2, ...)。其中，Logical1, logical2, ... 表示待检测的 1~30 个条件值，各条件值可为 TRUE 或 FALSE。

例如，使用 IF 函数嵌套 AND 函数来同时对面试人员的笔试成绩和面试成绩是否都在 60 分合格线内进行判定，公式为"=IF(AND(B2>=60,C2>=60)," 是 "," 否 ")"，效果如右图所示。

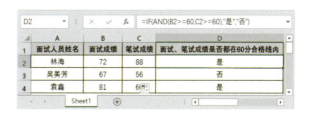

3　结合 OR 函数判断是否满足多个条件中的某个条件

OR 也用于多条件的判定，但与 AND 函数刚好相反，只要满足多条件中的某一个条件，就会返回 TRUE，只有当所有条件都不满足时，才会返回 FALSE，它相当于"或"的意思。其语法结构为：OR(logical1,logical2,…)。

例如，对员工是否可以申请退休进行判定，可申请退休的条件为年龄到达 55 岁或工龄达到 30 年，其判定公式为"=IF(OR(B9>=55,C9>=30),"是","否")"，效果如右图所示。

2.3.4　按指定的条件计数，COUNTIF 函数

COUNTIF 函数用于统计满足某个条件的单元格的数量，经常用于对学历人数、男女人数、部门人数、职位人数等进行统计，其语法结构为：COUNTIF(range,criteria)，如下图所示，可以简单理解为：COUNTIF(单元格区域,计数条件)。

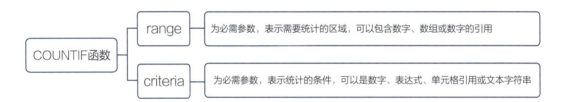

例如，对各部门的人数进行统计，公式为"=COUNTIF($C$2:$C$24,E2)"，最终效果如下图所示。

criteria 参数不区分大小写,即字符串"HR"和字符串"hr"将返回相同的匹配结果。另外,criteria 参数还可以使用通配符星号(*)和问号(?)。例如,使用问号(?)统计姓"陈"且姓名为两个字的员工数量,公式为"=COUNTIF(B2:B11," 陈 ?")",效果如下图所示。

2.3.5 查找符合条件的值,VLOOKUP 函数

在工资薪酬表、出勤统计表及福利津贴表中,经常需要根据关键字进行数据的查找与引用,而 VLOOKUP 函数则可以在某个单元格区域的首列沿垂直方向查找指定的值,然后返回同一行中的其他值。其语法结构为:VLOOKUP((lookup_value,table_array,col_index_num,range_lookup),如下图所示,可以简单理解为:VLOOKUP (查找值,查找范围,返回值所在的列,精确匹配 / 近似匹配)。

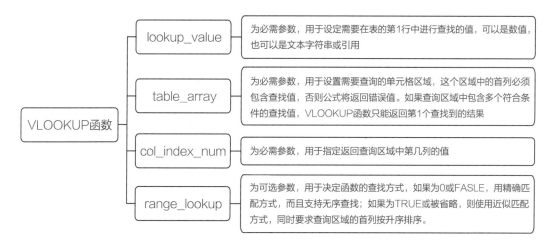

1 常规查询

在人事数据统计中，经常需要根据工号、姓名等查找出所在部门、身份证号码、手机号码等，通过 VLOOKUP 函数的常规查询就能轻松实现。例如，下图所示为员工信息的部分内容，需要根据单元格中的员工编号查询该员工的姓名和岗位。

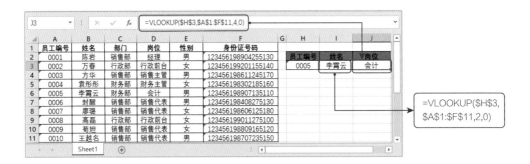

VLOOKUP 函数的第 3 个参数中的列号，并不是工作表中实际的列号，而是指定要返回查询区域第几列的值。

2 近似查询

VLOOKUP 函数的第 4 个参数为精确匹配或近似匹配，如果第 4 个参数省略，默认会执行近似匹配方式，返回查询值的精确匹配值或近似匹配值。如果找不到精确匹配值，则返回小于查询值的最大值。例如，需要根据 E~F 列的对照表，判断 B 列面试成绩对应的评定结果。公式为"=VLOOKUP(B2,E:F,2)"，如右图所示。

使用近似匹配时，查询区域的首列必须按升序排序；否则将无法得到正确的结果。

3 逆向查询

一般情况下，VLOOKUP 函数只能从左向右查找，也就是要查找的内容在前面列，对应的目标在后面的列。但如果需要逆向查找，也就是从右向左查找，就需要将前后的列对调一下位置。

逆向查找对调位置不能直接通过 VLOOKUP 函数实现，而需要利用 IF 函数的数组效应把两列换位重新组合后，再按正常的从左至右查找。例如，通过岗位名称查找员工姓名，公式为"=VLOOKUP(H3,IF({1,0},D:D,B:B),2,0)"，效果如右图所示。

专家点拨

公式中的"IF({1,0},D2:D11,B2:B11)"部分用于对列数据位置进行调换，"{1,0}"是一个一维数组，作为 IF 函数的条件，"1"代表 IF 函数条件为真，"0"代表函数条件为假。当为 1 时，它会返回 IF 的第 2 个参数 (B 列)，为 0 时返回第 2 个参数 (A 列)。同理，公式"=IF({1,0},D2:D11,B2:B11)"得到的结果就是 B 列的内容换到了 A 列内容的前面，如下图所示。公式也可以写成"=IF({0,1},B2:B11,D2:D11)"。

4 多条件查询

在实际应用中，当需要在目标列或目标行不固定的引用区域查找符合多个条件的值时，就需要 VLOOKUP 函数结合 MATCH 函数才能实现。

MATCH 函数用于返回指定数值在指定数组区域中的位置，也属于查找函数。其语法结构为：MATCH(lookup_value, lookup_array, match_type)，如下图所示，也可以简单理解为：MATCH(查找的值 , 查找的区域 , 精确匹配 / 近似匹配)。

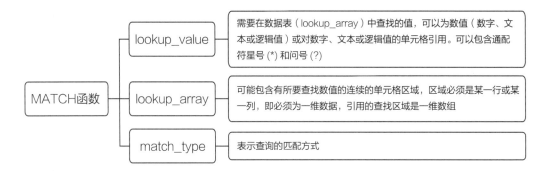

例如，在培训成绩表中根据员工姓名和项目查询成绩，公式为"=VLOOKUP(B11,$B$1:$G$7,MATCH($C11,$B$1:$G$1,0),0)"，效果如下图所示。

专家点拨 公式中使用MATCH函数返回的结果作为VLOOKUP函数的第3个参数，其目的是为了让查询结果不受行列项目变化的影响，就算员工姓名和项目都发生改变，但还是能准确根据查询条件查找到正确结果。

2.3.6 计算两个日期之间的差值，DATEDIF 函数

在人事数据表中，经常需要计算两个日期之差,如通过出生日期和当前日期计算员工年龄、利用参加工作时间来计算员工工龄等，这时就需要用到 DATEDIF 函数，它用于计算两个日期值间隔的年数、月数和天数。其语法结构为：DATEDIF(start_date,end_date,unit)，可以简单理解为：DATEDIF(起始日期 , 终止日期 , 返回值类型)。其中，Start_date 参数和 end_date 参数中的日期可以是带引号的字符串、日期序列号、单元格引用及其他公式的计算结果等； Unit 参数表示要返回的信息类型，共有 6 种，如下表所示。

参　数	函数返回值
"y"	返回两个日期值间隔的整年数
"m"	返回两个日期值间隔的整月数
"d"	返回两个日期值间隔的大数
"md"	返回两个日期值间隔的天数（忽略日期中的年和月）
"ym"	返回两个日期值间隔的月数（忽略日期中的年）
"yd"	返回两个日期值间隔的天数（忽略日期中的年）

例如，在员工信息表中通过出生年月和系统当前的日期计算员工的年龄，公式为"=DATEDIF(G2,NOW(),"y")"，效果如下图所示。

 DATEDIF 是 Excel 中一个隐藏的函数，Excel 中没有关于该函数的任何信息，所以不能通过自动和选择的方式插入，只有手动输入完整的函数名称。

2.3.7 数字格式之间的转换，TEXT 函数

在制作考勤表、员工信息表时，经常需要将数值转换为指定格式的数字格式，这时就需要用到 TEXT 函数，其作用是将各种形式的数值转化为文本，并可使用户通过使用特殊格式字符串来指定显示格式。其语法结构为：TEXT(value,format_text)，如下图所示，可以简单理解为：TEXT(数值 , 单元格格式)。

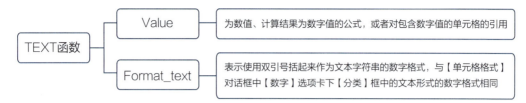

下面对函数进行一些举例说明，让用户更容易理解，如下图所示。

 专家点拨 虽然，通过设置数字格式就能让表格中的数值显示出需要的格式，但并不能让公式计算结果直接显示为需要的数字格式。因此，在公式中，一般都使用 TEXT 函数来转化数值的格式，并且该公式可以嵌套其他函数使用，如嵌套 MID 函数根据身份证号码计算出生年月等，该内容将在第 5 章中进行详细讲解。

高手自测 7

VLOOKUP 函数和 HLOOKUP 函数的语法结构均为：(lookup_value,table_array,row_index_num,range_lookup)，它们有什么区别呢？

扫码看答案

高手神器 2：Excel 公式向导

公式向导是一款 Excel 插件工具，它可以根据要求生成需要的公式，省去思考和编辑公式的时间，大大提高了工作效率。特别对初次接触 Excel 公式和函数的 HR 来说，非常实用。如下图所示为安装公式向导插件后，将以选项卡的形式嵌入 Excel 工作界面中，如下图所示。

公式向导插件工具中提供了条件判断、文本、查找和引用、数学统计、日期和时间五大类使用频率较高的公式，选择每种类别下的选项，就可在打开的对话框中对公式进行设计，如左下图所示。并且还有海量的公式库以供查询，这样更方便用户学习和参考，如右下图所示。

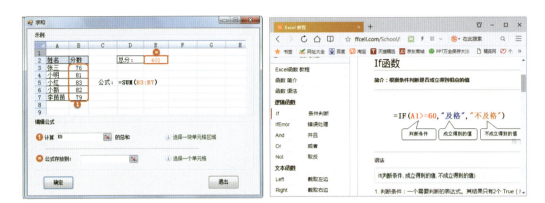

第 3 章

3

这些数据分析工具，HR高手都在用

　　人事数据最明显的特征就是数据量大，关系复杂。HR 在分析这些人事数据时，仅仅依靠大脑和双手是无法从海量的数据中获取有效的信息的。这时，就可以借助 Excel 中的数据分析工具来完成。
　　排序、筛选、分类汇总、合并计算和条件格式是 Excel 中最基本的数据分析工具，能帮助 HR 完成各类人事数据的分析、汇总。可以说，HR 掌握这些分析工具的用法，会让数据分析工作变得简单有效。

请带着下面的问题走进本章

1. 表格中的数据总是不能按照自己的意愿进行排序，怎么办？

2. 在不删除表格原始数据的情况下，怎样将符合条件的数据筛选出来？

3. 在对数据进行汇总时，可以按照指定的类别进行汇总吗？

4. 在不用计算，且不改变数据表内容的前提下，如何快速找出大于某个值的数据？

3.1 数据排序，让数据井然有序

数据源表格中输入的数据，字段逻辑一般都是非常清晰的，但字段下面的数据记录很多时候是没有规律、杂乱无章的，这时就需要对字段下面的数据进行排序，让数据一目了然，以提高数据的可读性和实用性。

3.1.1 自动排序

自动排序就是按照一个条件对数据区域进行升序或降序排列，是 Excel 中最简单的排序方法，只需要在数据区域选择参与排序的字段名，单击【数据】选项卡下【排序和筛选】组中的【升序】按钮或【降序】按钮即可。

下图所示为按照部门进行降序排列，默认情况下，文字按照音序来排列，数字则是按照大小来排列。

	A	B	C	D	E	F	G	H	I	J	K
1	员工编号	部门	姓名	企业概况	规章制度	电脑操作	商务礼仪	质量管理	总成绩	平均成绩	名次
2	0005	财务部	孙文	82	89	85	89	83	428	85.60	4
3	0009	财务部	郑辉	89	85	69	82	76	401	80.20	19
4	0012	财务部	李峰	90	89	75	79	85	418	83.60	10
5	0020	财务部	胡苏	90	85	94	90	84	443	88.60	2
6	0001	行政部	孙晓	85	80	79	88	90	422	84.40	6
7	0004	行政部	韩梅	72	80	90	84	80	406	81.20	17
8	0010	行政部	王龙	80	84	86	80	72	402	80.40	18
9	0021	行政部	张倩	93	96	84	82	91	446	89.20	1
10	0003	人事部	赵静	81	89	83	79	81	413	82.60	12
11	0006	人事部	孙建	83	79	82	90	87	421	84.20	7
12	0013	人事部	孙晗	88	78	80	83	90	419	83.80	9
13	0015	人事部	王明	79	82	78	86	84	409	81.80	15
14	0017	人事部	王华	92	90	78	83	85	428	85.60	4
15	0019	人事部	米琪	86	73	76	89	94	418	83.60	10
16	0002	销售部	刘东	69	75	76	80	78	378	75.60	22
17	0007	销售部	赵宇	77	71	85	91	89	413	82.60	12
18	0008	销售部	张扬	83	80	88	86	92	429	85.80	3
19	0011	销售部	陈晓	80	77	87	84	80	408	81.60	16

员工培训成绩统计表

3.1.2 多条件排序

按照一个条件对数据区域进行简单排序时，如果排序字段里出现相同的内容，会保持原始的排序，如果还需要让这些相同的内容按照一定条件进行排序，就需要设置多个条件来进行排序。

设置多条件排序的具体操作步骤如下。

步骤 01 选择数据区域中的任意单元格,单击【数据】选项卡下【排序和筛选】组中的【排序】按钮,打开【排序】对话框,设置主要排序条件,单击【添加条件】按钮,添加次要条件并设置,完成后单击【确定】按钮,如左下图所示。

步骤 02 返回工作表编辑区,即可看到数据区域按照部门进行排序,并根据各部门中总成绩的高低进行排列,效果如右下图所示。

 专家点拨 · 在使用多条件进行排序时,一定要分清关键条件和次要条件,关键条件是第1条件,次要条件是第2条件。在设置排序条件时,关键条件只能有一个,次要条件可以有一个或多个。

3.1.3 自定义排序

在实际工作中,肯定会有这样的需求,即按照自己设定的顺序来排序。针对这种情况,仅是使用自动排序或多条件排序并不能达到要求,这时就需要通过自定义排序功能来实现。

例如,将右图(上)所示的表格按照"行政部、人事部、财务部和销售部"的顺序进行排列,具体操作步骤如下。

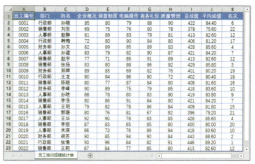

步骤 01 打开【排序】对话框,在【主要关键字】条件中的【次序】下拉列表框中选择【自定义序列】选项,如右图(下)所示。

步骤 02 打开【自定义序列】对话框,在【自定

第3章 这些数据分析工具,HR高手都在用 77

义序列】列表框中选择【新序列】选项，在【输入序列】列表框中输入自定义的序列，单击【添加】按钮，将其添加到【自定义序列】列表框中，单击【确定】按钮，如左下图所示。

步骤 03 返回到【排序】对话框，单击【确定】按钮，返回工作表编辑区。此时，表格中的数据就会按照自定义的序列进行排序，效果如右下图所示。

 高手自测 8

在加班统计表中，当需要将相同部门的数据排列在一起，并要求按员工编号从低到高的顺序进行排列，采用哪种排序方式最合理？

扫码看答案

3.2 数据筛选，筛选符合条件的数据

在分析人事数据时，有时需要从成百上千条人事数据记录中筛选出符合需要的数据，如果手动进行挑选，那么无疑是一项大工程。但如果使用 Excel 提供的筛选功能进行筛选，分分钟就能筛选出需要的数据。

3.2.1 自动筛选

自动筛选是数据筛选中操作最简单，也最常用的一种方法，可以快速定位符合特定条件的数据，并过滤掉不需要的数据将其隐藏，只显示满足条件的数据。在 Excel 中，自动筛选有多种筛选方式，可以根据数据表中信息的特点，选择符合实际情况的筛选方式。

1 按颜色筛选

按颜色筛选就是按照单元格或字体的颜色进行筛选,将具有相同颜色的单元格筛选出来。

按颜色筛选时,如果是字体设置了颜色,那么将按字体颜色筛选;如果是单元格填充了颜色,则按单元格颜色筛选。

如果要将下图中是"副总"面试的招聘记录筛选出来,就可以按颜色进行筛选。具体操作步骤如下。

步骤 01 单击【数据】选项卡下【排序和筛选】组中的【筛选】按钮,进入筛选状态,单击【招聘涉及岗位】单元格右侧的下拉按钮,在弹出的下拉列表中选择【按颜色筛选】选项,在子列表中选择需要筛选出的字体颜色,如左下图所示。

步骤 02 此时,工作表中的数据区域将只显示单元格颜色为"黄色"的数据记录,效果如右下图所示。

 专家点拨 ⎯⎯⎯⎯ 如果对筛选效果不满意,可以取消筛选。如果要取消对指定列的筛选,则可以在该列筛选下拉列表中选中【全选】复选框;如果要取消工作表中的所有筛选,则可以单击【数据】选项卡下的【清除】按钮。

2　数字筛选

如果要筛选的字段是数字型数据,那么可执行数字筛选。数字筛选可以筛选出等于某个值、不等于某个值、大于某个值、大于或等于某个值、小于某个值、小于或等于某个值、介于某个区间、前 10 项、高于平均值和低于平均值等数据。例如,筛选出员工培训考核成绩总分数在 280~320 这个区间的数据,具体操作步骤如下。

步骤 01　进入筛选状态,单击【总分数】单元格右侧的下拉按钮,在弹出的下拉列表中选择【数字筛选】选项,在子列表中选择【介于】选项,如左下图所示。

步骤 02　打开【自定义自动筛选方式】对话框,在【大于或等于】后的文本框中输入"280",【小于或等于】后的文本框中输入"320",单击【确定】按钮,如右下图所示。

在子列表中选择【自定义筛选】选项,也可以打开【自定义自动筛选方式】对话框,在其中可根据需要自行设置筛选条件。在对话框中,"或"表示只要满足其中一个条件即可,"与"表示筛选出的数据要同时满足两个条件。

步骤 03　此时,总分数为"280~320"的数据就被筛选出来了,效果如下图所示。

3　关键字筛选

当需要筛选出包含某个文字或某个数字的数据时，可以直接在筛选的搜索框中输入关键字进行筛选。例如，左下图所示为在"姓名"字段的筛选搜索框中输入关键字"陈"，所筛选出来的数据；右下图所示为在"项目一"字段的筛选搜索框中输入关键字"8"，所筛选出来的数据。

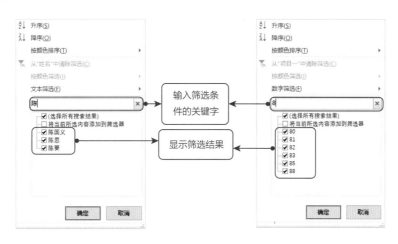

4　模糊筛选

当需要筛选出以某值开头或结尾的数据及固定位数的数据时，则需要通过通配符星号（*）和问号（?）进行模糊条件筛选。需要注意的是，通配符只能在英文状态下输入，星号（*）表示多个字符，问号（?）表示单个字符。

使用模糊筛选时，只需要在筛选搜索文本框中使用通配符加搜索目标值，就可以快速筛选出开头或结尾包含某值的数据，如下表所示。

筛选条件	说　　明	结　　果
陈*	筛选出"陈"字开头，后面字符数不限的数据	陈国义、陈思
陈?	筛选出"陈"字开头，后面有一个字符的数据	陈思、陈要
*5	筛选出尾数是"5"前面字符数不限的数据	105、85
?5	筛选出尾数是"5"前面有一个字符的数据	75、85
??	只筛选出两位数的数据	66、78
???	只筛选出3位数的数据	294、328

3.2.2 高级筛选

高级筛选不仅包含了自动筛选的所有功能，而且还可以完成比较复杂的多条件筛选，并可以把筛选结果复制到其他区域或表格中。

相对于自动筛选而言，高级筛选的好处有 4 点，如下图所示。

高级筛选与自动筛选不同，它需要单独设置筛选条件区域，并且对条件区域的设置还有一定的要求，具体要求主要有如下图所示的几点。

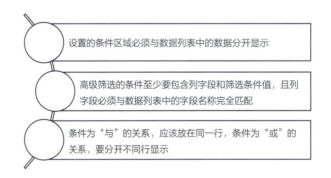

例如，使用 Excel 高级筛选功能筛选出 4 个项目的成绩均大于等于 80，或者总分数大于等于 320，并将筛选结果放置到其他区域中，具体操作步骤如下。

步骤 01 在工作表 C18:G20 单元格区域中输入筛选条件，单击【排序和筛选】组中的【高级】按钮，如左下图所示。

步骤 02 打开【高级筛选】对话框，选中【将筛选结果复制到其他位置】单选按钮，在【列表区域】参数框中输入数据区域；在【条件区域】参数框中输入筛选条件所在的区域；在【复制到】参数框中输入筛选结果放置的位置，单击【确定】按钮，如右下图所示。

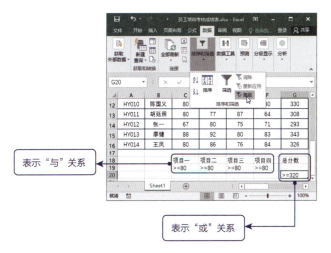

表示"与"关系

表示"或"关系

步骤 03 此时将根据输入的筛选条件筛选出符合要求的数据记录,效果如下图所示。

专家点拨

在输入高级筛选条件时需要注意,运算符号"=">"和"<"等只能通过键盘输入,而且设置大于等于或小于等于时,要分开输入,如">="或"<=";否则 Excel 不能识别。

高手自测 9

当需要筛选出销售 1 部考核总成绩大于 300 分的数据记录时,怎样设置筛选条件?

扫码看答案

3.3 分类汇总,按类别汇总数据

Excel 中的分类汇总功能往往被很多人弃如敝履,其实它可以帮助 HR 快速地对不同分类

第3章 这些数据分析工具,HR高手都在用 **83**

的数据进行系统地分类汇总，如对各部门的招聘费用、培训费用、工资等进行统计，大大提高了工作效率。

在 Excel 中，分类汇总分为单重分类汇总和多重分类汇总两种，如下图所示。

3.3.1 单重分类汇总

单重分类汇总是指以某一个字段为分类项，对数据列表中的其他字段中的数据进行各种计算，如求和、计数、平均值、最大值、最小值和乘积等。但在分类汇总前，必须先对数据列表中需要分类汇总的字段进行排序，否则将导致分类汇总的结果错误。

下图所示为单重分类汇总的操作流程。

按照上述的操作流程，对员工的加班时数进行汇总，具体操作步骤如下。

步骤 01 先对"员工姓名"字段进行升序排列，单击【分类汇总】按钮，如左下图所示。

步骤 02 打开【分类汇总】对话框，设置【分类字段】为【员工姓名】，选择【汇总方式】为【求和】，设置【选定汇总项】为【加班时数】，单击【确定】按钮，如右下图所示。

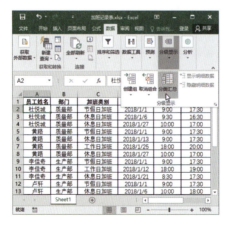

步骤 03 汇总结果如下图所示,显示了不同员工的加班时数总和。默认情况下汇总表显示3级汇总效果,单击汇总表左上角的【1】【2】【3】按钮可以分级查看汇总结果。

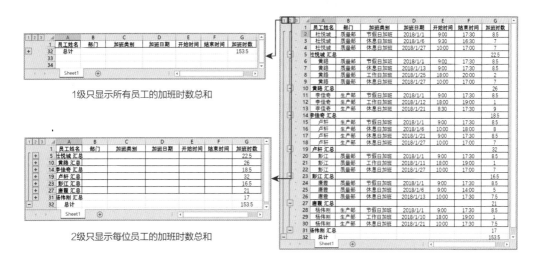

1级只显示所有员工的加班时数总和

2级只显示每位员工的加班时数总和

3.3.2 多重分类汇总

如果需要针对多个分类字段进行汇总,那么就需要用到多重分类汇总。例如,汇总各部门总的加班时数,以及各部门不同加班类别下的加班时数。需要注意的是,执行多重分类汇总之前,需要先对汇总的多个项目进行多条件排序或自定义排序。

下图所示为多重分类汇总的操作流程。

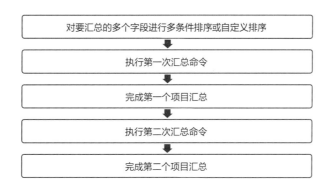

根据上述操作流程,先对各部门总的加班时数进行汇总,再对各部门不同加班类别下的加班时数进行统计,具体操作步骤如下。

步骤 01 使用多条件对"部门"和"加班类别"字段进行排序,如下图所示。

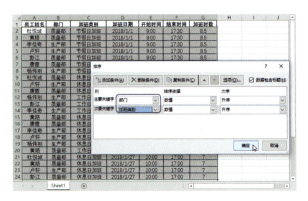

步骤 02 执行第1次汇总命令，如左下图所示。

步骤 03 执行第2次汇总，在【分类汇总】对话框中取消选中【替换当前分类汇总】复选框，如右下图所示。

步骤 04 汇总结果如下图所示，汇总表中不仅汇总了各部门的加班总时数，还对各部门下不同加班类别的加班总时数进行汇总。

高手自测 10

现在需要对下面的招聘需求数据进行分析，怎样才能快速统计出各部门的需求人数、到岗人数和目前欠缺人数？

扫码看答案

3.4 合并计算，根据需求汇总数据

合并计算就是将多个相似格式的工作表或数据区域，按照项目的匹配，对同类数据进行汇总。数据汇总的方式包括求和、计数、平均值、最大值、最小值等。在对人事数据进行汇总分析时，经常需要用到合并计算功能，如汇总各部门人数、汇总招聘的人数，或者按照季度、半年度或年度汇总支出的工资、培训费用及各种办公费用等。

3.4.1 合并计算多个相同的数据类别

在对人事数据进行统计时，当数据源区域中的数据不以相同的顺序排列但使用相同的标签时，除了可以通过 COUNTF 函数来完成统计外，还可以使用合并计算功能合并计算具有不同布局但拥有相同数据标签的一系列工作表中的数据。

例如，使用合并计算功能对表格中每个部门全年招聘的总人数进行统计，具体操作步骤如下。

步骤 01 在工作表中选择放置合并计算结果的空白单元格，单击【数据工具】组中的【合并计算】按钮，

如左下图所示。

步骤 02　打开【合并计算】对话框,在【函数】下拉列表框中选择计算方式;在【引用位置】参数框中输入引用的数据区域,单击【添加】按钮,将引用位置添加到【所有引用位置】列表框中,选中【首行】和【最左列】复选框,单击【确定】按钮,如右下图所示。

步骤 03　此时,将对数据区域进行合并计算,并将结果放置在选择的空白单元格中,效果如下图所示。

专家点拨

默认情况下,合并计算的结果是以数值的形式显示,当数据源区域的数据发生变化时,合并计算结果不会自动更改。要想使合并计算结果随着源数据的变化而自动变化,那么在【合并计算】对话框中选中【创建指向源数据的链接】复选框,合并计算结果将自带公式。

3.4.2 多表数据合并汇总

多表数据合并汇总，是指将多个工作表中的数据按相同类别汇总到一个主工作表中，主工作表可以与其他工作表位于同一个工作簿中，也可以位于不同的工作簿中。

例如，使用合并计算功能对上半年各部门的交通费用进行汇总统计，具体操作步骤如下。

步骤 01 在 "上半年汇总" 工作表中选择A2单元格，单击【数据工具】组中的【合并计算】按钮，打开【合并计算】对话框，将上半年每月引用的数据区域添加到【所有引用位置】列表框中，单击【确定】按钮，如左下图所示。

步骤 02 此时，在 "上半年汇总" 工作表中统计出了各部门上半年交通费总金额，效果如右下图所示。

 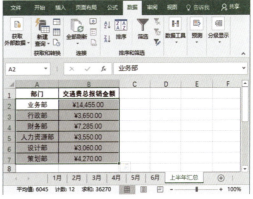

 高手自测 11

下图所示为两张结构相同，但数据项不尽相同的人事报表。要求将这两张人事报表进行合并，同时按部门分类汇总，通过合并计算功能怎样实现？

扫码看答案

3.5 Excel 条件格式，让数据分析锦上添花

条件格式就是根据预先设置的条件，对满足不同条件的单元格应用指定的格式。在 Excel 中，不仅内置有 5 种条件格式规则，还可以自定义条件格式规则，让满足条件的数据呈现成百上千种变化，并且当单元格中的数据发生变化时，会自动评估并应用指定的格式。因此，HR 也需要掌握条件格式的用法。

3.5.1 Excel 内置的条件格式规则

Excel 提供了许多内置的格式规则供 HR 选择使用。对这些内置的规则，不需要做过多的设置，几乎拿来就可以使用，减少了手动设置的麻烦。

1　突出显示满足条件的单元格

在对人事数据进行统计分析时，如果要突出显示表格中的一些数据，如大于某个值、小于某个值、等于某个值、介于某个值之间、包含某个文本等，可以使用条件格式中的突出显示单元格规则。

例如，对员工总成绩在 420~450 的数据进行查看，具体操作步骤如下。

步骤 01　选择"总成绩"列数据区域，单击【开始】选项卡下【样式】组中的【条件格式】按钮，在弹出的下拉列表中选择【突出显示单元格规则】选项，在弹出的子列表中选择【介于】选项，如左下图所示。

步骤 02　打开【介于】对话框，在其中对条件格式进行设置，单击【确定】按钮。此时，介于 420~450 的数据将以黄色底纹和深黄色文本显示，效果如右下图所示。

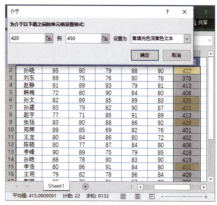

2 突出显示最大值最小值

当需要突出显示靠前或靠后及高于或低于平均值的单元格时，可以使用条件格式中的最前/最后规则来实现。该规则的使用方法与突出显示单元格规则的方法基本相同，如下图所示为突出显示前6项的效果。

在使用突出显示单元格规则和最前/最后规则时，如果单元格中有重复的数值，那么突出显示的项数可能会与设置的项数有所增加，如下图所示。

3 用数据条长度标识数值大小

当需要观察表格中数据的变化时，可以使用 Excel 条件格式中的数据条，它可以使数据图形化，让数据展现更直观，同时还具有美化效果。数据条的长度代表单元格中的值，数据条越长，表示值越高；反之，则表示值越低，如右图所示为使用数据条对每个招聘渠道的招聘数据进行分析。

使用数据条后，由于数据会和数据条重叠，可能看起来比较繁乱，为了使表格更加简洁，可以先在【数据条】子列表中选择【其他规则】选项，打开【新建格式规则】对话框，选中【仅显示数据条】复选框，单击【确定】按钮，再应用数据条格式，这样单元格中将只显示数据条，而不会显示数据，如下图所示。

4 用变化的颜色展现数据分布

对人事数据进行直观分析时，除了使用数据条外，还可以使用色阶按阈值将单元格数据分为多个类别，其中每种颜色代表一个数值范围，可以帮助 HR 了解数据的分布和变化。

Excel 中默认使用双色刻度和三色刻度两种色阶方式来设置条件格式。双色刻度使用两种颜色的渐变来比较某个区域的单元格，颜色越深，表示值越高；反之，则值越低，如左下图所示。三色刻度使用 3 种颜色的渐变来比较某个区域的单元格，颜色的深浅表示值的高、中、低，如右下图所示。

5 用图标集标识数据特征

为了表现出一组数据中的等级范围，HR 还可以使用图标集对数据进行标识。图标集中的图标是以不同的形状或颜色来表示数据的大小的。使用图标集可以按阈值将数据分为 3～5 个类别，每个图标代表一个数值范围。例如，左下图所示为使用 3 个类别划分数据的效果；右下图所示为使用 5 个类别划分数据的效果。

3.5.2 Excel 内置的自定义条件格式规则

如果 Excel 内置的条件格式规则不能满足需要，则可以使用自定义规则和显示效果的方式来创建需要的条件格式。

例如，对员工培训考核成绩进行分析时，需要将各项考核成绩为">=90"的数值使用"小红旗"标注出来，使用内置的图标集条件格式是不能完成的，需要自定义格式规则，具体操作步骤如下。

步骤 01 选择需要设置条件格式的数据区域，在【条件格式】下拉列表中选择【新建规则】选项，打开【新建格式规则】对话框，将【选择规则类型】设置为【基于各自值设置所有单元格的格式】，【格式样式】设置为【图标集】，然后设置图标的样式，单击【确定】按钮，如左下图所示。

步骤 02 返回工作表中，即可看到考核成绩为">=90"的单元格数值前均标有"小红旗"，效果如右下图所示。

专家点拨

在【新建格式规则】对话框中的【选择规则类型】列表框中提供了6种规则类型，如下图所示。

基于各值设置所有单元格格式	可以用数据条、色阶和图标集展现所选单元格的数值大小
只为包含以下内容的单元格设置格式	为单元格值、特定文本、发生日期、空值、无空值、错误和无错误等单元格设置格式
仅对排名靠前或靠后的数值设置格式	只为靠前几项或靠后几项的数值设置格式
仅对高于或低于平均值的数值设置格式	为高于、低于、等于或高于、等于或低于、标准偏高等于或低于某个值的数值设置格式
仅对唯一值或重复值设置格式	只对唯一值或重复值设置格式
使用公式确定要设置格式的单元格	为符合所设公式的条件的数设置格式

3.5.3　用公式自定义条件格式规则

【使用公式确定要设置格式的单元格】规则类型是通过设置公式来确定条件的，灵活应用该规则，可以扩展条件格式的应用范围，使其满足各类人力资源数据的分析需要。

在人力资源管理过程中，HR 在以下 3 种情况下结合使用函数公式与条件格式时较多。

1 突出显示重复出现的数据

在人力资源管理过程中，为了及时查看输入的数据是否重复时，可以通过函数公式和条件格式的结合来突出显示输入的重复数据，这样可以方便 HR 查看，并且确认重复的数据是否需要更改。

例如，用公式定义规则，突出显示重复输入的电话号码，具体操作步骤如下。

步骤 01 选择 J2:J16 单元格区域，单击【条件格式】按钮，在弹出的下拉列表中选择【新建规则】选项，如左下图所示。

步骤 02 打开【新建格式规则】对话框，在【选择规则类型】列表框中选择【使用公式确定要设置格式的单元格】选项，在【编辑规则说明】参数框中输入公式"=COUNTIF(J$2:J2,J2)>1"，单击【格式】按钮，如右下图所示。

步骤 03 打开【设置单元格格式】对话框，在其中对条件格式的单元格格式进行设置，单击【确定】按钮，如左下图所示。

步骤 04 在设置条件格式的单元格区域中输入员工的联系电话，当输入的联系电话重复时，将会以设置的单元格格式突出显示，效果如右下图所示。

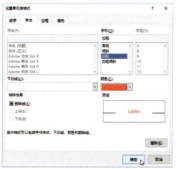

> **专家点拨** 内置的"突出显示单元格规则"条件格式中也有"重复值"规则,它表示只能突出显示满足单条件的重复值。而使用公式突出显示重复值时,既可突出显示满足单条件的重复值,也可突出显示满足多条件的重复值。

2 突出显示周末日期

在制作考勤表、加班统计表时,经常需要突出显示双休日。在 Excel 中,使用公式定义条件格式,也能轻松智能地实现。例如,下图所示为使用公式定义的条件格式,突出显示了考勤表中的双休日。

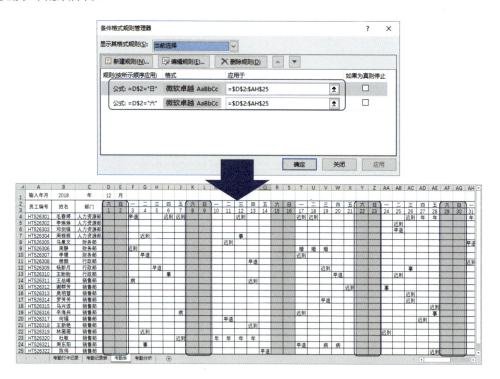

3 合同到期提醒

劳动合同管理是人力资源部门很重要的一项工作,它直接关系着员工的利益。因此,HR在管理过程中,当劳动合同要到期时,需要及时续签或处理,但员工的劳动合同到期并不是同一时间,差不多每个月都有合同到期的可能,为了避免工作中出现纰漏,HR 可以通过条件格式设置合同到期提醒。

例如,下图使用公式"=AND($J2>TODAY(),$J2-TODAY()<7)"对 A2:K26 单元格区域中满

足条件的单元格设置格式突出显示,该公式中设置了两个条件对 J2 单元格中的日期进行判断:第一个条件是大于系统当前日期;第二个条件是和系统当前日期的间隔小于 7。

 高手自测 12

在培训费用明细表中,使用条件格式能不能突出显示表格中的空值?

扫码看答案

第 4 章

4

图表和数据透视表,让数据分析更直观

当下是"用数据说话"的时代,数据分析已成为 HR 管理者的基本技能。在 HR 管理中,统计图表和数据透视表,是数据分析的两大利器。通过统计图表,可将复杂的表格数据,形象直观地表达出来。通过数据透视表,可对表格数据进行灵活多样的汇总分析。

请带着下面的问题走进本章

1 Excel 中提供的图表类型较多，怎样选择合适的图表来分析数据呢？

2 怎样让制作的图表直观、形象，并且看起来与高手制作的图表一样"高大上"呢？

3 都说数据透视表是拖曳出来的，为什么有的人怎样拖曳都达不到想要的效果呢？

4 数据透视表和数据透视图之间有什么联系呢？

4.1 图表，数据可视化的利器

图表是数据可视化常用的手段，通过图表可以分析出数据间一些不容易识别的对比或联系，让抽象的人事数据直观化。

4.1.1 HR 必知必会的五大图表

Excel 中提供了十几种图表类型，而且每种图表类型还包含多个子类型，但对人事数据进行分析时，并不会应用到所有的图表类型，因此，只需要掌握常用的 5 种图表，就能完成人事工作中的很多事情。

1 柱形图

对人事数据进行分析时，柱形图是经常使用的一种图表，主要用于描述不同时期数据的变化情况或描述不同类别数据之间的差异，也可以描述不同时期、不同类别数据的变化和差异。如下图所示为使用柱形图对各部门上半年和下半年的人员数量进行分析。

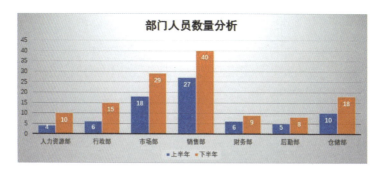

2 条形图

条形图主要用来比较不同类别数据之间的差异情况，快速看清数据对比情况。例如，使用图表对"本科"学历在各部门的人数分布进行分析，那么使用条形图最为有效，可以按从低到高的顺序进行排列，就可以一目了然地揭示出高低点，如下图所示。

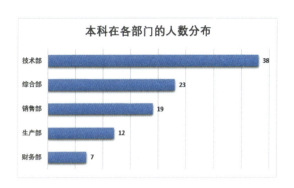

3 折线图

折线图是表示数据趋势的图表,展示了随着时间的推移,数据的变化情况。通过折线图的线条波动趋势,可以轻松判断在不同时间段内,数据是呈上升趋势还是下降趋势,数据变化是呈平稳趋势还是波动趋势,同时可以根据折线的高点和低点找到数据波动的峰顶和谷底。在人员招聘、人员结构分析等方面比较常用。如下图所示为使用折线图对1~12月网络招聘和现场招聘两种渠道招聘人数的分析。

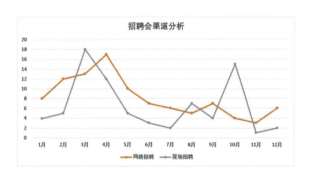

 折线图和柱形图容易被混淆使用。当柱形图的横坐标轴是时间时,也能体现数据随时间推移的变化效果。但是柱形图通过柱形高低,强调数据的量,而折线图横坐标轴只能是时间,强调的是趋势变化,甚至可以忽略数据量的大小。

4 饼图

饼图是用来展示各数据项占总数据项大小的比例,是用来分析项目占比、对比各项目比例的图表。在 Excel 中,饼图主要分为普通饼图、圆环图、复合饼图,如下图所示。

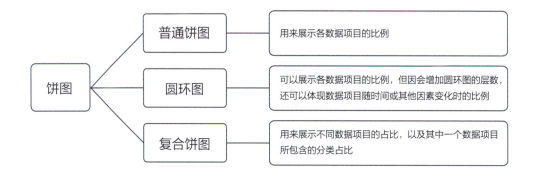

如左下图所示,展示了员工离职原因所占比例;如右下图所示,展示了2018年和2019年各种离职原因的比例数据。从图中不仅可以得知不同年份的离职原因所占比例,还可以对比同一离职原因在不同年份的比例大小。

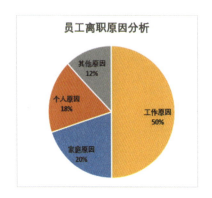
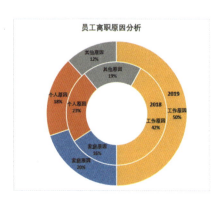

如果要把离职原因的"其他原因"中的每一项展示出来,由于项目太多,如果使用饼图和圆环图展示就不利于查看,但可以使用复合饼图将项目占比很少的多个项目放到从属饼图中,这样展示更直观。如下图所示就是将"想继续深造""想休息"和"跳转到其他行业"3个占比很少的项目放到"其他"项目中。

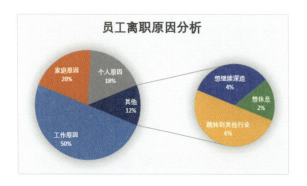

5　组合图表

组合图表，顾名思义就是用两种或两种以上的图表类型组合而成的，可以同时展示多组数据，让图表内容更加丰富、直观。组合图表最大的特点就是不同类型的图表可以拥有一个共同的横坐标和不同的纵坐标，这样可以更好地区别不同的数据类型，并强调关注的不同侧重点。

组合图表的最佳组合形式是"柱形图＋折线图"，常用来展现同一变量的绝对值和相对值。如下图所示，使用"柱形图＋折线图"对上半年的招聘完成情况进行分析。

4.1.2　创建图表的方法

在 Excel 中创建图表的方法有 3 种，可以根据实际情况或对图表的了解程度来选择适合自己的创建方法。

1　使用推荐功能创建图表

当不知道使用什么类型的图表来直观展现表格中的数据时，可以使用 Excel 推荐的图表功能来创建，它可以根据当前选择的数据推荐合适的图表。在工作表中选择数据后，单击【插入】选项卡【图表】组中的【推荐的图表】按钮，打开【插入图表】对话框，在【推荐的图表】选项卡中显示了 Excel 根据选择的数据推荐的图表，选择需要的图表单击【确定】按钮即可，如下图所示。

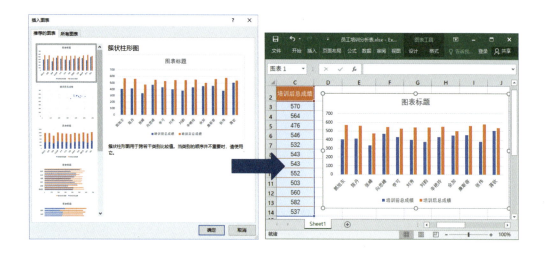

2. 通过图表类型按钮创建图表

如果对图表非常熟悉，知道什么样的图表能直观体现出什么类型的数据，就可以直接选择要使用图表展现的数据，然后在【图表】组中单击与图表类型对应的按钮，在弹出的下拉列表中选择需要的图表即可，如下图所示。

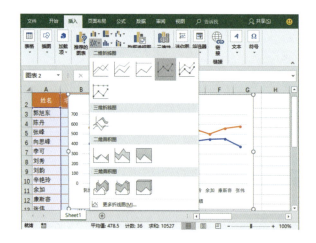

3. 通过对话框创建图表

通过对话框创建图表可以提前预览图表的效果，如下图所示。当选择的图表不能直观地体现出数据时，可以继续选择其他图表进行预览，直到选择合适的图表后再创建。该方法是最常用的图表创建方法。

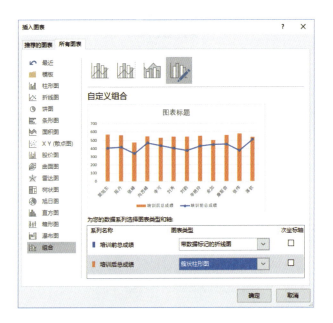

4.1.3 让图表更专业的技巧

俗话说:"文不如表,表不如图",充分说明了图表的重要性,特别是在分析多而繁杂的人事数据时,图表备受 HR 的喜爱。但要想制作的图表更专业,需要掌握如下图所示的一些技巧来提高图表的整体效果。

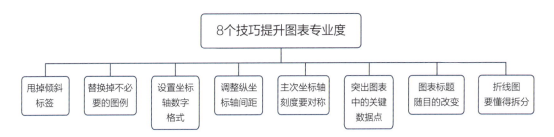

1 甩掉倾斜标签

当文本标签太长,图表宽度不够时,经常会导致图表标签倾斜,就像下图所示的图表一样。

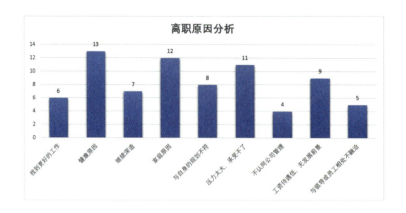

专业的图表一般不允许出现这种情况。当遇到这种情况时，可以在分类标签文本中间加上换行符号，这样在图表中的文本标签就可以换行。方法是：将鼠标光标定位到单元格文本需要换行的位置，按【Alt+Enter】组合键即可，效果如下图所示。

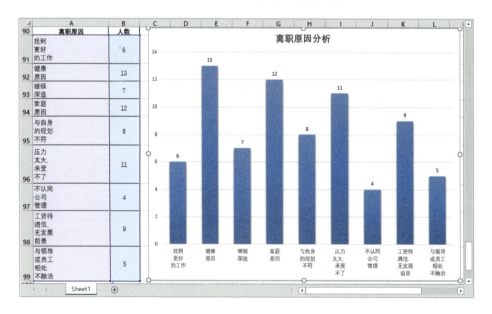

 专家点拨 为文本添加换行符和为单元格设置自动换行是有区别的，要让图表中的分类标签文本多行显示，则是在文本中间插入强制换行符。

另外，还可以将柱形图更改为条形图，如下图所示。

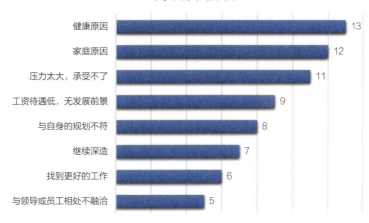

2 替换掉不必要的图例

在饼图中,很多时候图例都是多余的,可以用类别名称来代替,这样会使图表显得更简洁、直观。如左下图所示,选择图表中的图例,按【Delete】键删除,然后添加数据标签,将类别名称和数据直接添加到饼图上,显示会更直观,效果如右下图所示。

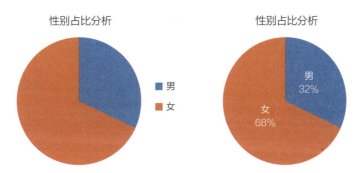

> **专家点拨** 要删除图例中的单个图例,可以先选择整个图例,再单击要删除的某个系列的图例,按【Delete】键即可。

3 设置坐标轴数字格式

在 Excel 图表中,坐标轴是一个非常重要的元素,但很少有人对坐标轴的数字格式进行设置。其实,要想使制作的图表更专业,坐标轴数字格式的设置也不容忽略。使用图表对人事数据进行分析时,经常需要在如下图所示的几种情况下为坐标轴设置数字格式。

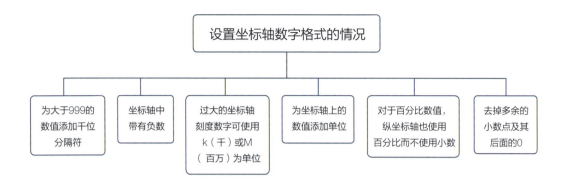

如下图所示的图表坐标轴中带有负值,虽然负值的数据条使用了红色进行表示,但坐标轴中刻度值的负值并不明显,这也导致图表整体效果不够直观。

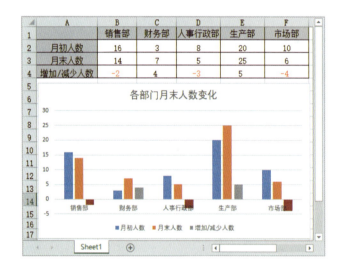

负数一般用带负号(-)的红色文字表示,当图表坐标轴带有负值时,坐标轴中的负值也需要使用红色文字显示,这样使图表更直观。例如,在对各部门月初和月末增加、减少人数进行分析时,就涉及负数,通过设置坐标轴的数字格式,让坐标轴和图表中的负值用带负号的红色文字显示,具体操作步骤如下。

步骤 01 选择图表中的纵坐标轴并右击,在弹出的快捷菜单中选择【设置坐标轴格式】命令,打开【设置坐标轴格式】任务窗格,在【坐标轴选项】中展开【数字】选项,在【类别】下拉列表中选择【数字】选项,将【小数位数】设置为【0】,将负数的显示格式设置为【-1,234】,在【格式代码】文本框中将显示该数字格式的代码,如下图所示。

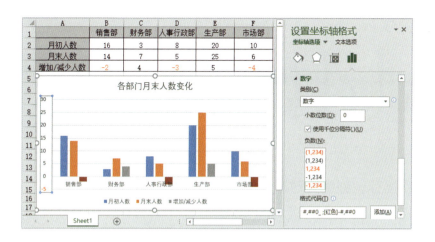

> **专家点拨** ── 设置坐标轴数字格式的方法与在【设置单元格格式】对话框【数字】选项卡中设置数字格式的方法相同，且数字格式的代码也相同。

步骤 02 选择横坐标轴，在【坐标轴选项】中展开【标签】选项，将【标签位置】设置为【低】，这样横坐标签就不会与负值的数据系列重叠，如下图所示。

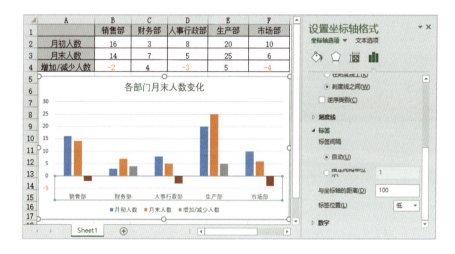

4 调整纵坐标轴间距

在 Excel 中制作的图表，其纵坐标间隔都是默认的，但默认的间距不一定是需要的。如果纵坐标轴的数值间距太小，显示的数字刻度堆积在一起，会显得不美观，如左下图所示。因此，可以根据需要对坐标轴间距进行调整，如右下图所示为调整后的效果。

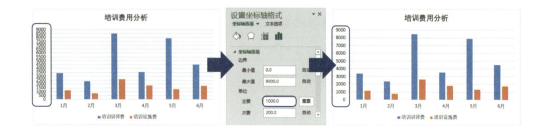

5　主次坐标轴刻度要对称

　　使用组合图分析数据时，经常会涉及双坐标轴，如左下图所示的图表就是采用的双坐标轴，左侧为主要纵坐标轴，有 5 个刻度，右侧为次要纵坐标轴，有 8 个刻度，由于次要纵坐标轴的刻度、网格线与主要纵坐标轴的刻度不对等，因此导致图表的双坐标轴不对称，这种情况是不允许的，需要调整纵坐标轴刻度与主要纵坐标轴的刻度单位使其对称，调整后的效果如右下图所示。

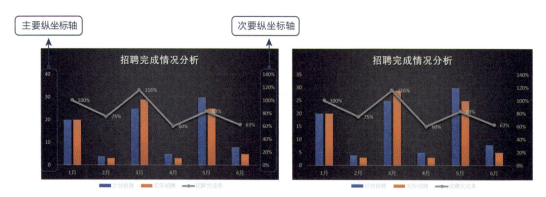

6　突出图表中的关键数据点

　　突出关键数据点，是指通过更改单个数据点的填充颜色、添加数据标签等方式来突出显示关键的数据，使人们一眼就能看出图表中想要强调的数据信息，特别适用于各个数据点之间的数值大小变化不明显的图表。如从左下图所示的图表中可以看出，各数据点之间的数值大小变化不大，很难一眼看出最大值。这时可以将最大值的数值填充为其他颜色，并添加数据标签，使图表中的最大值一目了然，如右下图所示。

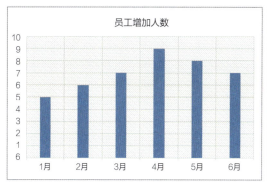
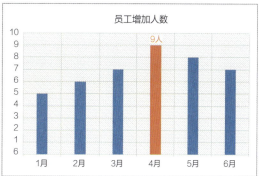

7　图表标题随目的改变

图表标题说明这是一张关于什么数据的图表，因此，图表标题一定不能少。当图表只是为展示数据状况时，可以拟定一个概括性标题，如左下图所示的"各部门人数所占比例"。

但是，如果图表是为了展示一个结论或强调一个观点，标题也必须与之对应。如右下图所示，图表的目的是强调销售部人数所占比例，因此，标题内容随之发生改变，这样在观看图表时就能一目了然。

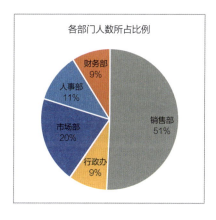
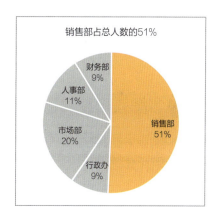

8　折线图要懂得拆分

在使用折线图时，常常需要同时体现多项数据的趋势。当数据项目较多时，就意味着一张折线图中有多条趋势线，线条之间相互影响，导致图表信息读取困难。这种情况，就需要将折线图拆分为多张，避免各种线条"纠结"在一起。如下图所示就是将一张折线图表拆分为多张折线图表后的效果。

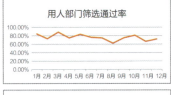

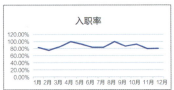

4.1.4　图表可视化数据的六大误区

数据可视化可以将复杂数据清晰、直观地表达出来，方便观看和理解。如果图表使用错误，不但不能达到可视化数据的目的，还有可能导致获取的信息无用或误导看图者的思考。因此，在使用图表时，一定要规避一些错误，避开图表使用的一些误区。如下图所示为图表使用的六大误区。

图表使用的六大误区					
1	2	3	4	5	6
饼图分隔混乱	折线图中使用虚线	数据排序混乱	柱状过宽或过窄	使用三维图表	图表元素随意添加

1　饼图分隔混乱

饼图在人事数据分析中使用比较多，饼图的设计不需要太复杂，一个饼图分隔的扇形最好不要超过 5 块，扇形多了反而显得复杂，不够直观。如右图所示的饼图就是因为分隔的扇形太多，显得复杂。遇到这种情况，可以采用字母饼图或复合饼图来展示数据。

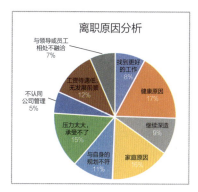

在制作饼图时，如果想让大家的注意力瞬间集中到要表述的重点上，那么饼图扇形的排列顺序需发生变化。将饼图中最大的扇形从 12 点开始排列，剩余的扇形顺时针或逆时针方向按从大到小降序排列，如下图所示。

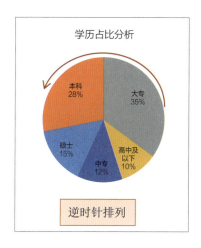

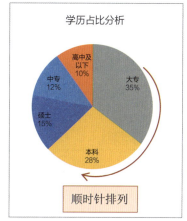

2 折线图中使用虚线

很多人在使用折线图来展现多组数据的变化趋势时，喜欢使用虚线区分每组数据。其实，虚线容易产生不确定因素，给人一种数据不真实的感觉，如左下图所示。因此，在对真实的人事数据进行分析时，折线图中不能使用虚线。如果要区分每组数据的变化趋势，使用实线和颜色反而更容易区分，使数据表达更为准确，如右下图所示。

第4章 图表和数据透视表，让数据分析更直观

并不说是在折线图中完全不能使用虚线,但要分情况,当需要表示预测的数据时,就可以用虚线表示。如下图所示为对公司的总人数进行预测,前 8 个月的人数是可以确定的,后面 9~12 月的人数是预测的,那么 1~8 月的人数是真实的数据,9~12 月的数据是虚数据,当需要在统一折线图中展示时,真实的数据用实线表示,预测的数据就用虚线表示。

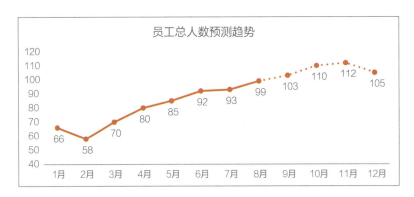

3 数据排序混乱

图表中数据系列的排列顺序默认是根据数据源的顺序进行排列的,很多人制表时都会采用默认的排列方式。其实,很多情况下在制作图表前,可以先将数据按照升序进行排列(这种情况多用于条形图中),这样制作出来的图表更合乎逻辑,并且能更直观地引导读者了解数据。如左下图所示是默认的排列顺序;如右下图所示为对数据进行升序排列后制作出来的图表。

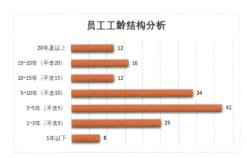 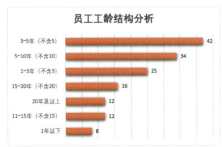

 **专家点拨**　并不是所有的情况都适合于先排序数据,后制作图表,如反映时间序列的图表、数据系列类别较多的柱形图等都不适合排序。

4 柱体过宽或过窄

在制作柱状图时,还应注意各柱体(各柱状数据系列)之间的距离要适中,既不能太窄,也不能太宽。一般来说，各柱体之间的间距应该为 1/2 栏宽度，即各柱体之间的间距是柱体的一半。如左下图所示为蓝色柱体和红色柱体之间的距离太窄；如右下图所示的蓝色柱体和红色柱体之间的距离刚好是柱体宽的一半。

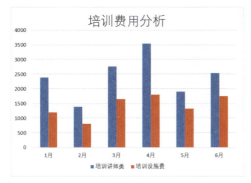 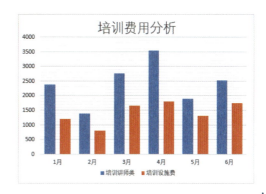

专家点拨 制作条形图时，也需要注意各条形之间的距离。

5 使用三维图表

Excel 中提供了三维图表的制作，但对人事数据进行分析时，并不适合用三维图表来直观展现数据。因为三维图表增加了空间维度，这样的效果容易分散大家对数据本身的注意力。此外，在三维空间上读图，可能出现阅读障碍，影响对结果的判断。如左下图是普通图表，也就是二维图表，相对于如右下图所示的三维图表，二维图表更直观。

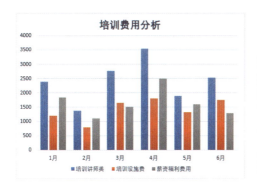 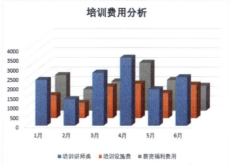

6 图表元素随意添加

图表的组成元素很多，不能为了保持图表的完整性，将图表中的所有组成元素都显示出来。

一般图表都不会将所有的组成元素都显示出来，而是会根据实际需要只显示部分图表元素，这样更利于图表数据的高效传递。因此，为图表添加元素时，不要随意添加，而是根据实际需要进行添加。如左下图所示为将所有图表组成元素都显示出来的效果；如右下图所示为只显示部分图表元素的效果。从图中就可以看出，相对于左图而言，右图显得更简洁、直观，更利于数据的展示。

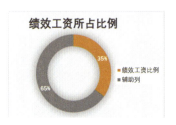 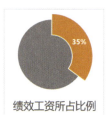

4.1.5 打破 Excel 图表常规布局

在 Excel 中，生成图表的默认布局大部分都不能满足 HR 对数据的分析，此时就需要突破 Excel 图表默认的布局，重新根据需要对图表的整体布局进行规划，如需要哪些元素，各元素的排列位置等。

在 Excel 中对图表进行布局，可以通过两种方法来实现，如下图所示。

如左下图所示为通过"快速布局"功能来实现对图表的整体布局；如右下图所示为通过添加图表元素功能来实现图表的局部布局。相比较而言，第 1 种布局方法更简单、快速，第 2 种布局方法更灵活，可以单独对图表中的某个元素进行布局。

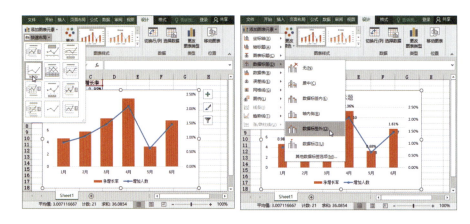

4.1.6 利用图片实现图表艺术化

对人事数据进行分析,大部分是对"人"进行分析,为了使图表更加形象,可以利用形象的小人图标或一些具有代表意义的图片填充到图表的数据系列,使图表更具艺术化。

例如,在对各部门男女人数进行分析时,可以分别用代表男和女的小人图标来填充图表中男和女的数据系列,具体操作步骤如下。

步骤 01 首先在 Excel 表中输入数据,并制作条形图,然后寻找一男一女小人图标插入表格中,如下图所示。

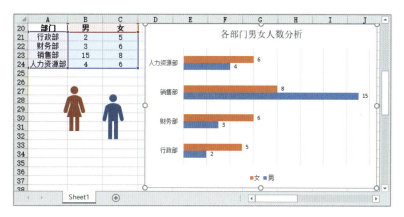

步骤 02 选择代表"女性人数"的小人图标,按【Ctrl+C】组合键复制,再选择图表中代表"女性人数"的数据系列,按【Ctrl+V】组合键粘贴,如下图所示。

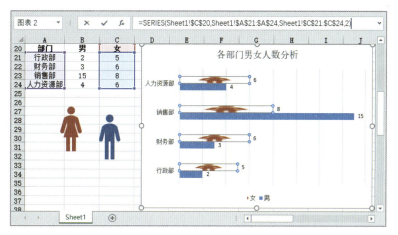

步骤 03 打开【设置数据系列格式】任务窗格,将填充方式设置为【层叠】,这样小人图标将以正常的比例填充到数据系列中,如下图所示。

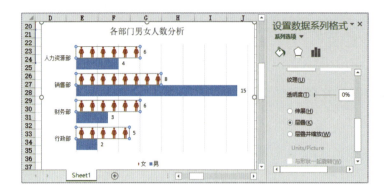

步骤 04 用同样的方法,将代表"男性人数"的小人图标填充到图表的另外一个数据系列中,调整填充方式为【层叠】,并删除图例和数据标签。因为通过小人图标对比,就能清楚地知道各部门男、女之间的差距。最终图表效果如下图所示。

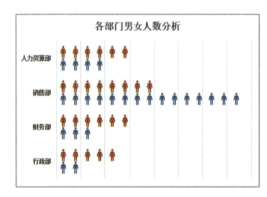

 如果需要调整各小人图标之间的间距,那么可在【设置数据系列格式】任务窗格【系列选项】中对【分类间距】进行设置。

4.1.7 将图表保存为模板

很多公司为了图表风格的统一和内容的识别,对图表中的元素格式有统一要求,如图表背景、图表中字体的格式、数据标签和坐标轴等。在制作这种多次对多个图表进行相同且重复的操作时,可以通过一种快捷方式来进行——将图表保存为模板。这样可以像 Excel 自带的模板一样使用,方便且高效。

将图表保存为模板时,只需要将图表保存到默认位置"C:\Users\Administrator\AppData\Roaming\Microsoft\Templates\Charts",就可以在【插入图表】对话框【所有图表】选项卡的【模板】选项中显示保存的模板。

例如,要根据如下图所示的图表创建相同结构的图表时,可以先把图表保存为模板,然后再利用模板创建图表。具体操作步骤如下。

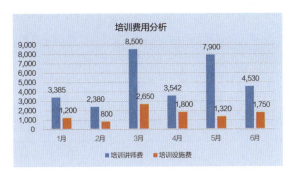

步骤 01 在图表上右击,在弹出的快捷菜单中选择【另存为模板】命令,打开【保存图表模板】对话框,设置保存文件名为【费用分析】,单击【保存】按钮,如左下图所示。

步骤 02 选择表格中的数据,打开【插入图表】对话框,在【所有图表】选项卡中选择【模板】选项,选择保存的图表模板,单击【确定】按钮,如右下图所示。

步骤 03 在创建的图表中输入图表标题"招聘费用分析",完成图表的创建,最终效果如下图所示。

	1月	2月	3月	4月	5月	6月
直接成本	2356	1378	1842	1530	2700	2150
间接成本	4320	2860	3120	1850	2170	2900

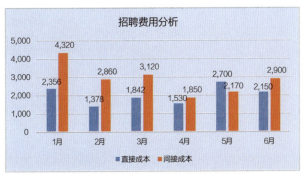

第4章 图表和数据透视表,让数据分析更直观

高手自测 13

当需要按月对本年度各部门的绩效考核成绩进行分析时，使用什么图表最合适？

扫码看答案

4.2 数据透视，强大的汇总表生成功能

要对人事数据进行多维度的透视分析，图表无法实现数据动态显示和绘制，此时就需要运用数据透视表，它可以从不同角度、不同层次，以不同方式在一拖一曳中生成汇总表，得到不同的汇总结果。

4.2.1 数据透视的妙用

数据透视表综合了数据的排序、筛选、分类、汇总等常用的数据分析方法，是 Excel 中具有强大分析能力的工具，能灵活地以不同的方式展示数据的特征。

1 排序

数据透视表是根据需求汇总出来的，即使需要对数据透视表中的数据进行排序，也不会像在普通数据表中那么复杂。数据透视表中的排序都比较简单，通常进行升序或降序排列即可。

在数据透视表中，只需要对考核总分进行降序排列，就能按部门员工的绩效总分从高到低进行排列，如左下图所示；而在普通数据表中，需要设置两个或两个以上排序条件才能达到要求，如右下图所示。

2 筛选

在数据透视表中也能像在普通数据表中一样筛选数据，并且能对筛选的数据进行汇总，但是，筛选的方法不一样。在 Excel 数据透视表中，筛选数据通过筛选框和标签筛选两种方法来实现。

筛选框筛选，是指在【数据透视表字段】任务窗格的字段列表框中选择需要的字段，将其拖动到筛选框中，即可在数据透视表中创建筛选字段，在字段下拉列表框中选中【选择多项】复选框，然后选中或取消选中字段中的复选框，即可筛选出需要的数据，如左下图所示。

标签筛选，是指通过行标签和列标签进行筛选，在数据透视表中单击行标签或列标签对应的下拉按钮，在弹出的下拉列表中选中与筛选字段对应的复选框，即可筛选出需要的数据，如右下图所示。

3 汇总

汇总数据是数据透视表最主要的作用，它可以根据实际需求，采取不一样的汇总方式来达到目的。虽然 Excel 提供的汇总功能也能实现，但当数据较多、统计的项目较多时，使用数据透视表更快，只需要拖动鼠标，就能按照需求统计出来。

在 Excel 中，数据透视表的汇总方式主要有行汇总、列汇总、交叉汇总、交叉分类汇总 4 种，在使用数据透视表分析数据时，可以根据当前需求来选择不同的汇总方式。

当只需要汇总分析一个字段时，采取行汇总和列汇总，如左下图所示为行汇总；如右下图所示为列汇总。

当需要汇总分析两个字段时，采取交叉汇总，如左下图所示。

当需要汇总分析 3 个或 3 个以上字段时，采取交叉分类汇总，如右下图所示。

4.2.2 创建数据透视表的方法

在 Excel 中，正确创建数据透视表的方法有两种，一种是使用推荐功能创建，另一种是手动创建，HR 可以灵活选择创建的方法。

1 使用推荐功能创建

使用推荐的数据透视表功能创建数据透视表时，会根据选择的数据提供各种数据透视表选项的预览，直接选择某种最能体现其观点的数据透视表效果，即可生成相应的数据透视表，不必重新编辑字段列表，非常方便，如下图所示。

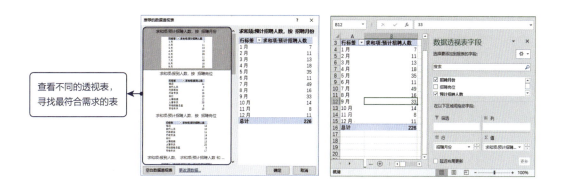

2 手动创建

手动创建数据透视表就是要连接到数据源，在指定位置创建一个空白数据透视表，然后在【数据透视表字段】任务窗格中的【字段列表】列表框中添加数据透视表中需要的数据字段，此时，系统会将这些字段放置在数据透视表的默认区域中，用户还需要手动调整字段在数据透视表中的区域。

手动创建数据透视表的具体操作步骤如下。

步骤 01 在工作表中单击【插入】选项卡【表格】组中的【数据透视表】按钮，打开【创建数据透视表】对话框，确定创建数据透视表的数据区域和放置位置，单击【确定】按钮，如左下图所示。

步骤 02 创建一个新工作表，并在该工作表中创建一个空白数据透视表，在打开的【数据透视表字段】任务窗格的列表框中选择【招聘月份】选项，将其拖动到【在以下区域拖动字段】栏中的【行】字段框中，如右下图所示。

步骤 03 使用相同的方法将【招聘月份】字段拖动到相应的字段框中，创建的数据透视表效果如下图所示。

4.2.3 字段布局

同样是使用数据透视表演变出的汇总表，为什么有的汇总表看起来不美观，看不懂要表达的意思，有的汇总表却一目了然，能清楚地展现数据。出现这种情况主要是因为字段布局不合理。

很多人在创建数据透视表时，不知道应该先添加什么字段，在什么字段框中添加什么字段。如果添加的字段先后顺序、位置不合理，那么出来的汇总表将没有任何意义。因此，在创建数据透视表时，必须要清楚各字段之间的关系，以及字段的主次顺序，这样才能得出合理规范的数据透视表。

如左下图所示的汇总表，以"招聘岗位"为行字段，统计不同招聘岗位每月招聘报到的人数。如右下图所示为以"招聘月份"和"招聘岗位"为行字段，统计每月各招聘岗位预计招聘的人数和报到人数。

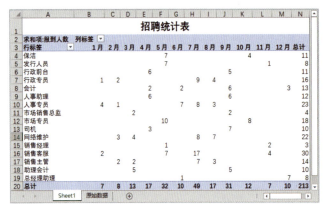

4.2.4 透视表分析的两大利器

数据透视表对数据进行了全面汇总，如果想灵活查看某日期、某分类下的数据，实现交互式数据展示效果，就需要用到切片器和日程表。通俗来说，切片器和日程表就像两个筛选器，可以实现项目筛选、日期筛选，从而排除无头数据的干扰，让数据分析精准聚焦。

1 使用切片器分析数据

切片器提供了一种可视性极强的筛选方法来筛选数据透视表中的数据。它包含一组易于使用的筛选组件，一旦插入切片器，用户就可以使用多个按钮对数据进行快速分段和筛选，而且仅显示所需数据。此外，切片器还会清晰地标记已应用的筛选器，提供详细信息指示当前筛选状态，从而便于其他用户能够轻松、准确地了解已筛选的数据透视表中所显示的内容。

在 Excel 中使用切片器对数据透视表中的数据进行筛选，首先需要插入用于筛选的字段的切片器，然后根据需要筛选的数据依据在切片器中选择要筛选出的数据选项即可。具体操作步骤如下。

步骤 01 选择数据透视表中的任意一个单元格，单击【数据透视表工具-分析】选项卡【筛选】组中的【插入切片器】按钮，打开【插入切片器】对话框，选中相应的复选框，单击【确定】按钮，如左下图所示。

步骤 02 在工作表中插入部分切片器，在切片器中选择相应的部门，数据透视表中将筛选出该部门的相关数据，如右下图所示。

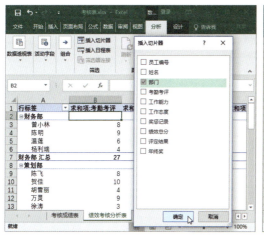
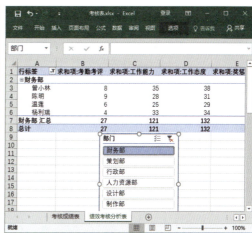

2　使用日程表分析数据

日程表是从日期的角度对数据进行筛选的。切片器也可以进行日程筛选，但是切片器更适合筛选日期跨度不大的数据。而日程表是专门的日期筛选器，适合筛选日程跨度大的海量数据。

例如，在以天为单位的数据透视表中插入日程表，查看每月的招聘总人数，具体操作步骤如下。

步骤 01 选择数据透视表中的任意一个单元格，单击【筛选】组中的【插入日程表】按钮，打开【插入日程表】对话框，选中表示时间的字段，如左下图所示。

步骤 02 插入日程表，在日程表中可以自由选择以【年】【季度】【月】【日】4种方式查看数据，这里以【月】查看数据，如右下图所示。

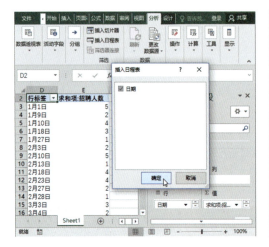 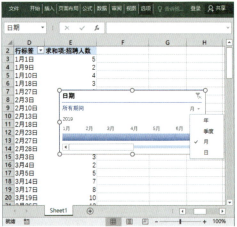

步骤 03 直接单击需要查看的月份，左边的数据透视表就会跟着筛选出相应月份所有的数据，如下图所示。

专家点拨　无论是切片器还是日程表，如果要筛选日期数据，均需要确保原始数据中的日期格式正确，是日期型数据，而非文本型数据、数值型数据等。

4.2.5 报表样式拿来即用

使用数据透视表对人事数据进行分析时，并不要求汇总表有多美观。因此，并不需要手动对汇总表进行各种美化操作，系统中自带的数据透视表样式就能满足基本的美化需求，而且速度快，方法也简单。只需选择数据透视表中的任意单元格，在【数据透视表工具 - 设计】选项卡【数据透视表样式】组中的列表框中选择需要的报表样式选项即可，如下图所示。

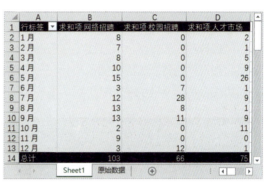

4.2.6 用图表可视化数据透视表

当需要将数据透视表中的数据转换为图表时，可以利用Excel提供的数据透视图功能来实现，它是数据的另一种表现形式，可以通过图表更加直观地分析数据，与普通图表相比，数据透视图可以动态筛选数据，让一张图、表能分析多项不同的数据或是满足多种不同的分析需求。

数据透视图与普通图表一样，都必须有数据源，而数据透视图的数据源是存放在数据透视表中的，因此，数据透视图必须在数据透视表的基础上进行创建。

如左下图所示为创建的数据透视图效果；当数据透视表中的数据发生变化时，数据透视图也将随之发生变化，如右下图所示。

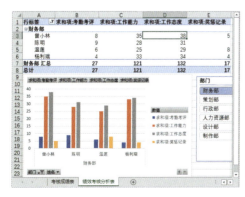

高手自测 14

对数据源进行更改后,数据透视表和数据透视图中的数据不发生变化怎么办?

扫码看答案

高手神器 3:百度图说——功能强大的数据可视化工具

百度图说(http://tushuo.baidu.com/)是百度旗下的一个在线的图表编辑网站,该网站中提供了各种类型的图表模板,能在线生成各种图表,并且能将图表分享给他人。

在百度图说中创建图表的方法很简单,只需要在百度图说首页单击【开始制作图表】按钮,在打开的页面中选择需要的图表,然后对图表中的数据进行编辑即可,如下图所示。

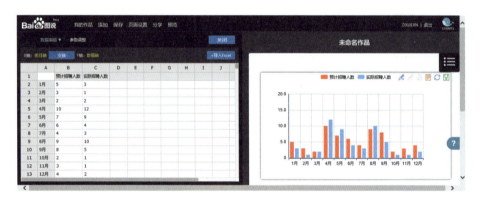

下篇 实战技能

在人力资源管理工作中，空有理论而无实战是不行的。要做好人力资源工作，必须要从实践中获取方法和经验。在上篇相关章节中主要向 HR 介绍了在人力资源管理工作中需要掌握的 Excel 相关知识。本篇主要介绍 Excel 在人力资源管理工作中的实战应用，内容包括人事数据的建立、人力资源规划、招聘与录用、员工培训、考勤与休假、绩效与薪酬等。

本篇包含的章节内容

第 5 章　建立员工信息表，简化人事管理
第 6 章　人力资源规划——HR 的指南针
第 7 章　员工招聘，HR 慧眼识人才
第 8 章　员工培训——解决企业后顾之忧
第 9 章　考勤与薪酬管理，为员工谋福利

第 5 章

5

建立员工信息表,简化人事管理

员工信息表是人力资源管理中最基础的一项表格,主要用于存储员工的基本信息,可以让领导快速了解每位员工的基本情况,加强员工关系管理。

在人事管理工作中,正确建立合理规范的员工信息表是非常重要的,这是因为 HR 可以基于员工信息表,统计出企业当前的人力资源状况。

请带着下面的问题走进本章

1. 不同的部门设置的岗位不同，如果岗位较多，手动输入容易出错。能不能像网页那样，显示某一个选项时，就会弹出该菜单对应的选项呢？

2. 当表格中数据内容较多，且不能完全显示时，能不能在查看时让标题行一直显示？

3. 通过员工信息表，可以快速制作出哪些表格？

5.1 员工信息表设计

员工信息表的建立是 HR 快速筛选、汇总和分析各项人事数据的前提，后续的很多人事数据分析都是建立在此表上的，因此，员工信息表的建立非常重要，它也是企业或公司考查员工的主要依据。

5.1.1 员工信息表结构设计

员工信息表的设计并非那么简单，不只是将需要的内容全部放进去就可以了，而是需要全面地考虑各岗位、各项工作对员工信息数据的需求，以便于后续信息使用的延续性和工作效率的提高。

（1）需要为哪些表提供数据。

（2）是否能满足工作需要。

（3）各信息之间是否有关联。

员工信息表的设计主要是结构的设计，也就是表字段，在第 1 章中介绍了设置表格字段需要遵循的步骤，下面将结合这些内容详细介绍员工信表结构设计需要考虑的情况，主要有右图所示几点。

1 需要为哪些表提供数据

在对员工信息表的结构进行设计时，首先需要考虑设计的员工信息表需要为哪些表格提供数据，如果要为人员结构统计表提供数据，那么就需要将人员结构统计表需要的项目一一列出。人员结构统计表一般包括对各部门人员的统计、男女人数统计、学历统计、不同年龄段和工龄段的人数进行统计等。由此可见，人员结构统计表中需要的项目有姓名、部门、性别、年龄、学历、工龄等。除此之外，员工信息表还需要为人员结构统计、员工基本信息、员工劳动合同、员工离职信息、员工转正信息等提供数据，如下图所示。

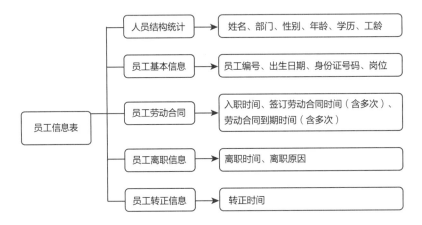

2 是否能满足工作需要

通过分析获取各个项目后，还需要考虑这些能否满足工作需要，并对此进行检验。检验员工信息表能否满足工作需要可以通过表格设计者和其他人员来完成，如下图所示。

表格设计者检验：从实际工作中出发，如通过此表格能从部门人数、性别、学历、年龄、工龄等方面，对在职人员结构进行分析；当员工有重名时，应该如何进行区分等

其他人员检验：让公司其他人员对此表提出工作或数据需求，检查此表是否能满足他们提出的需求

3 各信息之间是否有关联

虽然员工信息表包含的项目（表字段）已大体确定，但还不能进行表格设计，还需要对各信息之间的关联性进行分析。例如，"年龄"与"出生日期"重复，可以只保留一个，而"年龄"可以通过"出生日期"计算得出，因此，在员工信息表中可以省去"年龄"，"入职时间"和"工龄"也是如此。

一般来说，员工在本单位开始工作的第一天，就是劳动合同的生效时间。由此可得出，"入职时间"即为第一次劳动合同签订时间，"第一次劳动合同到期时间"也就是"第二次劳动合同签订时间"，"第二次劳动合同到期时间"也就是"第三次劳动合同的签订时间"。

结合上述情况可以得出员工信息表中需包含员工编号、姓名、部门、岗位、性别、出生年月、身份证号码、学历、入职时间、转正时间、第一劳动合同到期时间、第二劳动合同到期时间、离职时间和离职原因等，建立的员工信息表结构如下图所示。

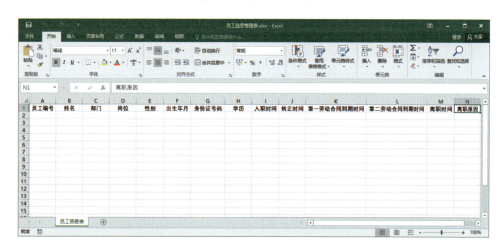

5.1.2 快速输入员工编号

员工编号是员工信息表中不可缺少的要素之一，每位员工的编号都是唯一的。这不仅可以区分重名的情况，还可以实现员工所有信息的顺利衔接，特别是对人事数据的排序、筛选、统计等操作非常方便。

员工编号一般是根据入职的先后顺序采用"公司标识+顺序号"来命名的，如公司标识为"HT"，顺序号为"0001"，那么员工编号则为"HT0001"。在输入这类员工编号时，可以通过填充序列的方法来实现。先在第 1 个单元格中输入员工编号"HT0001"，然后拖动鼠标向下填充序列即可，如左下图所示。

员工编号也可直接采用顺序号来输入，但如果员工编号开头为"0"，那么输入单元格中将不会显示前面的"0"，而是直接显示后面的数字。如输入"0001"，将显示为"1"，因此，在输入这类编号时，需要先将单元格数字格式由"常规"转换为"文本"，然后再输入以"0"开头的员工编号就能识别出来，如右下图所示。

将数字格式设置为"文本"后，输入编号后的单元格右上角将出现一个绿色的倒三角形符号，并且单元格右侧将出现一个 ⚠ 符号，表示单元格数字类型不正确。单击 ⚠ 符号，在弹出的下拉列表中选择【忽略错误】选项，将会忽略单元格中的错误，并且不显示绿色的倒三角形和错误符号，如下图所示。

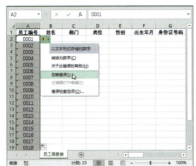 

5.1.3 正确输入身份证号码

在员工信息表中，身份证号码字段是必不可少的，但 Excel 中并不能直接输入，需要一定的技巧。如果直接输入，将会导致身份证号码不能完全显示或出错。例如，输入身份证号码"123456198307262210"，在编辑栏中就会显示为"123456198307262000"，在单元格中则显示为"1.2346E+17"，如下图所示。这是因为在 Excel 中，输入数字超过了 11 位，Excel 会自动以科学记数的数字格式进行显示，若超过 15 位，Excel 会自动将 15 位以后的数字转换为"0"。

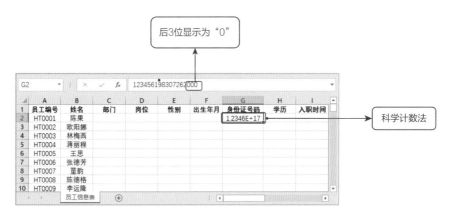

在 Excel 中，要输入正确的身份证号码，需要先将输入身份证号码的单元格转换为文本格式，或者在输入身份证号码前，先在单元格中输入一个英文格式的单引号"'"，然后再输入身份证号码，如下图所示。

5.1.4 从身份证号码中获取性别和出生年月

在输入性别和出生年月时也可以不需要手动输入，可以通过公式快速地从输入的身份证号码中提取出来。在身份证号码中，第 7~14 位表示出生年、月、日，第 17 位表示性别，双数表示女性，单数表示男性。

提取性别和出生年月时，需要用到 MOD、MID 和 DATE 函数，下图所示为对各函数的相关介绍。

MOD 函数：用于返回两数相除的余数，其语法结构为：MOD(number, divisor)，其中 number 为被除数，divisor 为除数

MID 函数：用于返回文本字符串中从指定位置开始的特定数目的字符，其语法结构为：MID(text, start_num, num_chars)。其中，text 表示包含要提取字符的文本字符串；start_num 表示文本中要提取的第1个字符的位置，num_chars 表示指定希望 MID 从文本中返回字符的个数

DATE 函数：用于返回代表特定日期的序列号，其语法结构为：DATE（year，month,day）。其中，year 代表年份；month 代表月份；day 代表月份中第几天的数字

从身份证号码中获取性别时，需要先选择输入性别的单元格或单元格区域，如选择 E2:E94 单元格区域，在编辑栏中输入公式"=IF(MOD(MID(G2,17,1),2)," 男 "," 女 ")"，按【Ctrl+Enter】组合键确认即可得出结果，如左下图所示。

从身份证号码中获取出生年月时，需要先选择输入出生年月的单元格或单元格区域，如选择 F2:F94 单元格区域，在编辑栏中输入公式"=DATE(MID(G2,7,4),MID(G2,11,2),MID(G2,13,2))"，按【Ctrl+Enter】组合键确认即可得出结果，如右下图所示。

5.1.5 数据验证实现单元格的内置选项

在本书 1.2 节中详细介绍了制表的一些不规范操作，为了避免某些不规范操作。在输入数据时，可以利用 Excel 的数据验证功能先对指定的单元格进行限制，以判断数据是否有效，验证数据是否按要求输入。

在员工信息表中，经常需要重复输入某些数据，如学历、离职原因等，为了实现数据的统一，可以通过设置数据有效性来添加下拉菜单，列出单元格中可输入的内容，然后进行选择输入，还可以设置出错警告，当手动输入时，将弹出错误提示。

例如，为"学历"和"离职原因"添加下拉菜单，不按规则输入时，将弹出出错警告，具体操作步骤如下。

步骤 01 设置序列。选择"学历"列的 H2:H94 单元格区域，单击【数据】选项卡【数据工具】组中的【数据验证】按钮，打开【数据验证】对话框，在【设置】选项卡的【允许】下拉列表框中选择【序列】选项，在【来源】参数框中输入学历，如左下图所示。

步骤 02 设置出错警告。选择【出错警告】选项卡，在【错误信息】文本框中输入出错提示，如右下图所示。

步骤 03 关闭输入法模式。选择【输入法模式】选项卡，将输入法模式设置为【关闭（英文模式）】，也就是限制输入，单击【确定】按钮，如左下图所示。

步骤 04 此时，在 H2:H94 单元格区域中的任意单元格中输入，都会打开出错警告对话框，如右下图所示。因为 H2:H94 单元格区域只能在下拉菜单中选择相应的选项，不能手动输入。

第5章 建立员工信息表，简化人事管理 137

当按照此方法对"离职原因"进行有效性设置时，由于离职原因比较多，而且有些选项内容过长，如果手动输入序列"来源"容易出错，这时可以直接引用单元格数据区域来实现，如下图所示。

如果序列"来源"是直接引用的表格中的数据区域，可以设置出错警告，当输入的离职原因与下拉菜单中的离职选项不符合时，将会弹出出错警告，但不能通过关闭输入法模式限制手动输入。

5.1.6 制作二级联动下拉菜单

二级联动下拉菜单就是根据一级下拉菜单（即前面讲解的数据有效性"序列"的设置）内容变化而变化的。例如，"部门"和"岗位"，每个部门对应的岗位会有所不同，如果部门较多，那么对应的岗位也会随之增多。设置序列后，选择的选项内容较多，导致选择速度降低。

为了减少工作量，又能保证输入的一致性，就需要设置二级下拉菜单，即选择部门后，岗位下拉菜单中将只显示该部门对应的岗位。制作二级联动下拉菜单的具体操作步骤如下。

步骤 01 输入辅助数据。在"序列数据"工作表 C1:C8 单元格区域中输入部门名称，在 D1:I8 单元格区域中输入与部门对应的岗位名称，如下图所示。

步骤 02 新建名称。选择 C1:C8 单元格区域，选择【公式】选项卡单击【定义名称】按钮，打开【新建名称】对话框,在【名称】文本框中输入"部门名称",单击【确定】按钮,如下图所示。

步骤 03 定位单元格。如果要想快速准确地从表格区域中选择已输入数据的单元格,那么通过定位条件功能是最快捷的方法。选择C1:I8单元格区域,打开【定位条件】对话框,选中【常量】单选按钮,单击【确定】按钮,如左下图所示。

步骤 04 根据内容新建名称。在【公式】选项卡中单击【根据所选内容创建】按钮,打开【以选定区域创建名称】对话框,保持默认设置,单击【确定】按钮,如右下图所示。

步骤 05 设置序列来源。即可按照部门定义名称,为【部门】列单元格区域设置序列,在【来源】参数框中直接输入定义的名称"=部门名称",单击【确定】按钮,如左下图所示。

步骤 06 通过公式设置序列来源。为【岗位】列单元格区域设置序列,在【来源】参数框中输入"=INDIRECT(C2)",单击【确定】按钮,如右下图所示。

专家点拨

INDIRECT 函数用于返回由文本字符串指定的引用。其语法结构为：INDIRECT(ref_text,[a1])。

ref_text 为对单元格的引用，此单元格可以包含 A1- 样式的引用、R1C1- 样式的引用、定义为引用的名称或对文本字符串单元格的引用。如果 ref_text 不是合法的单元格的引用，函数 INDIRECT 返回 #REF! 错误值或 #NAME 错误值？如果 ref_text 是对另一个工作簿的引用（外部引用），则工作簿必须被打开。如果源工作簿没有打开，函数 INDIRECT 返回 #REF! 错误值。

a1 为一逻辑值，指明包含在单元格 ref_text 中的引用的类型。如果 a1 为 TRUE 或省略，ref_text 被解释为 A1- 样式的引用；如果 a1 为 FALSE，ref_text 被解释为 R1C1- 样式的引用。

步骤 07 查看设置的二级联动下拉菜单。设置完成后会看到，当选择不同的部门后，对应的【岗位】会出现这个部门的岗位名称，如下图所示。

	A	B	C	D	E	F
1	员工编号	姓名	部门	岗位	性别	出生年月
2	HT0001	陈果	市场部		男	1983/7/26
3	HT0002	欧阳娜	行政部		女	1976/5/2
4	HT0003	林梅西	财务部		女	1983/2/5
5	HT0004	蒋丽程	人力资源部		女	1980/12/2
6	HT0005	王思	市场部		女	1982/4/28
7	HT0006	张德芳	财务部		女	1975/4/26
8	HT0007	重韵	财务部		女	1980/12/8
9	HT0008	陈德格	总经办		男	1972/7/16
10	HT0009	李运隆	生产部		男	1984/7/23
11	HT0010	张孝骞	生产部		男	1987/11/30
12	HT0011	刘秀	销售部		女	1985/8/13
13	HT0012	陈丹	销售部		女	1988/3/6
14	HT0013	胡茜茜	销售部		女	1979/3/4
15	HT0014	李春丽	生产部		女	1982/10/3
16	HT0015	袁娇	财务部		女	1984/1/1
17	HT0016	张伟	仓储部		男	1984/10/31
18	HT0017	李丽	生产部		女	1985/11/10

	A	B	C	D	E	F
1	员工编号	姓名	部门	岗位	性别	出生年月
2	HT0001	陈果	市场部	市场经理	男	1983/7/26
3	HT0002	欧阳娜	行政部	行政经理	女	1976/5/2
4	HT0003	林梅西	财务部	往来会计	女	1983/2/5
5	HT0004	蒋丽程	人力资源部	人事经理	女	1980/12/2
6	HT0005	王思	市场部	促销推广员	女	1982/4/28
7	HT0006	张德芳	财务部	财务经理	女	1975/4/26
8	HT0007	重韵	财务部	总账会计	女	1980/12/8
9	HT0008	陈德格	总经办		男	1972/7/16
10	HT0009	李运隆	生产部		男	1984/7/23
11	HT0010	张孝骞	生产部		男	1987/11/30
12	HT0011	刘秀	销售部		女	1985/8/13
13	HT0012	陈丹	销售部		女	1988/3/6
14	HT0013	胡茜茜	销售部		女	1979/3/4
15	HT0014	李春丽	生产部		女	1982/10/3
16	HT0015	袁娇	财务部		女	1984/1/1
17	HT0016	张伟	仓储部		男	1984/10/31
18	HT0017	李丽	生产部		女	1985/11/10

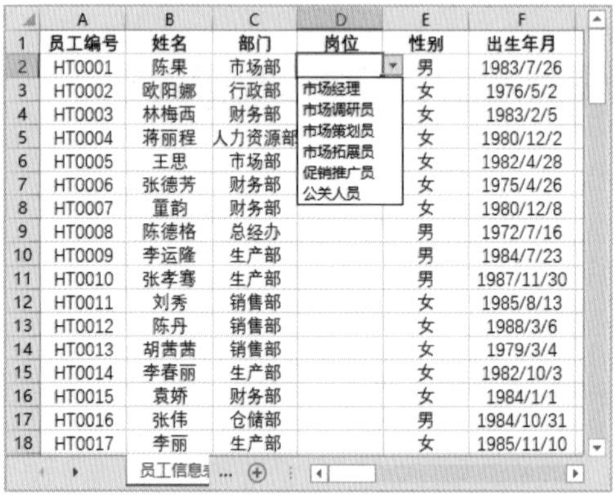

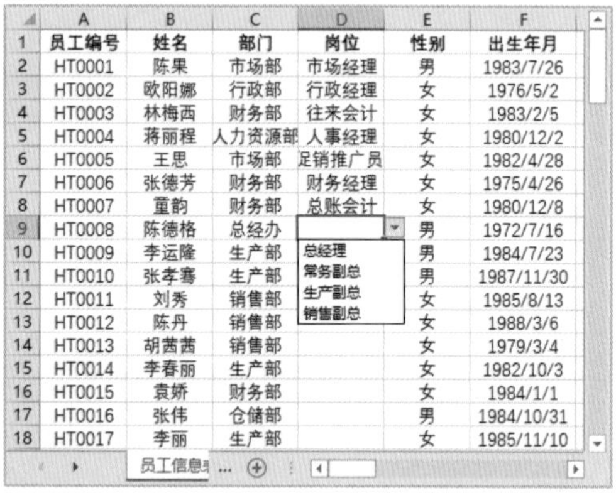

经过上述操作可以得出，通过数据验证功能制作多级联动下拉菜单时需要注意以下几点内容。

（1）将各级菜单内容按列 / 行存储，各行首列 / 各列首行的行标题为对应的上一级内容。

（2）给下级下拉菜单中的内容定义名称，名称是对应的上级。如果各行 / 列数据的行数 / 列数不一样，不要一次性选择所有行 / 列定义名称，否则会出现有空白选项。而需要通过定位常量操作来实现，或者行 / 列数少的情况下，可以逐行 / 列进行定义。

（3）设置数据验证时，从制作第二级下拉菜单开始，就需要用 INDIRECT( ) 函数来引用上一级的单元格。

5.1.7 让首行/列始终显示在开头

一般表格的最上方数据和最左侧的数据都是用于说明表格数据的一种属性的，当员工信息表中数据量较大时，为了方便查看表格中这些特定属性区域，可以通过 Excel 提供的冻结窗格功能来冻结需要固定的区域，方便在不移动固定区域的情况下，随时查看工作表中距离固定区域较远的数据。

在 Excel 中，冻结窗格根据需要冻结对象的不同，分为 3 种冻结方式，如下图所示。

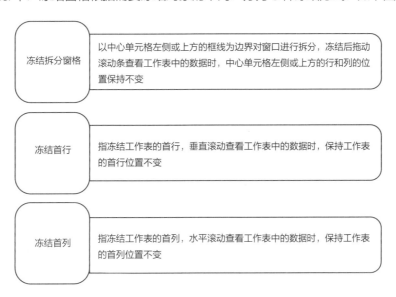

例如，要将员工信息表中 A、B 列及第 1 行固定显示，直接使用"冻结首行"或"冻结首列"并不能实现，因为 A、B 列是两列，而"冻结首列"则只能冻结 A 列，不能冻结 B 列，所以需要用"冻结拆分窗格"来实现，具体操作步骤如下。

步骤 01 选择需要的冻结窗格选项。选择 C2 单元格，单击【视图】选项卡【窗口】组中的【冻结窗格】按钮，在弹出的下拉列表中选择【冻结拆分窗格】选项，如左下图所示。

步骤 02 查看冻结后的效果。此时，将沿着 C2 单元格的左边框和上边框的方向出现水平和垂直方向的两条灰色冻结线，表示 A、B 列及第 1 行都被冻结，当向下滚动表格内容时，第 1 行始终保持不变；当向右滚动表格内容时，员工编号和姓名列始终保持不变，效果如右下图所示。

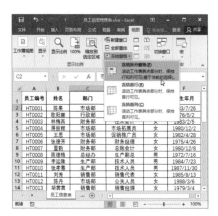
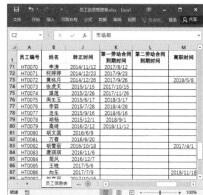

 高手自测 15

身份证号码的位数较多，容易导致身份证号码位数多输或少输，有没有什么方法让单元格中只能输入18 位的身份证号码？

扫码看答案

5.2 通过员工信息表设计其他人事表

员工信息表是设计其他人事表的基础，只要把员工信息表设计好，那么与之相关联的其他人事表的设计就能信手拈来，大大提高工作效率。

5.2.1 员工生日明细表

公司为了增加员工的归属感和凝聚力，一般会在员工生日时送上祝福，但员工的生日并不在同一天，很多公司会以月为单位，集体为员工庆生，这时就需要统计出指定月份内要过生日的员工明细表。在这个明细表中，并不需要罗列出员工的全部信息，仅需要员工编号、姓名、部门、岗位和出生日期等信息即可。

在 Excel 中，可以通过筛选和函数两种方法来快速实现。

1 筛选法

筛选法，是指通过筛选的方式将符合指定时间内过生日的员工信息筛选出来，操作非常简单，具体操作步骤如下。

步骤 01 筛选符合条件的数据。单击【筛选】按钮，进入筛选状态，在【出生年月】下拉列表中选择【日期筛选】选项，在其级联列表中选择【期间所有日期】选项，再选择【七月】选项，如下图所示。

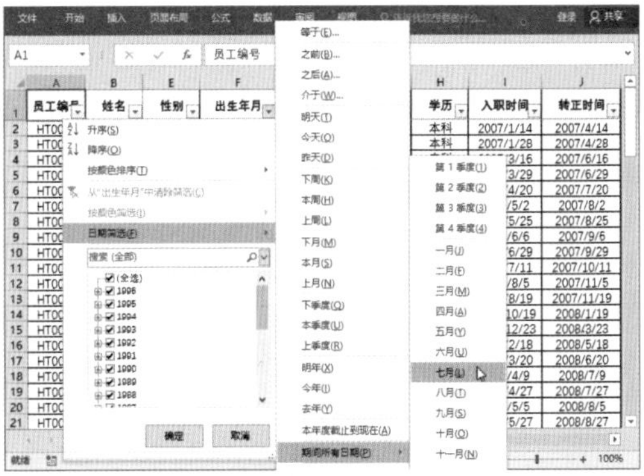

步骤 02 查看筛选效果。即可筛选出 7 月份需要过生日的员工信息，效果如下图所示。

	员工编号	姓名	性别	出生年月	身份证号码	学历	入职时间	转正时间
2	HT0001	陈果	男	1983/7/26	123456198307262210	本科	2007/1/14	2007/4/14
9	HT0008	陈德格	男	1972/7/16	123456197207169113	专科	2007/6/6	2007/9/6
10	HT0009	李运隆	男	1984/7/23	123456198407232318	中专	2007/6/29	2007/9/29
22	HT0021	杨利瑞	男	1972/7/16	123456197207162174	研究生	2009/1/26	2009/4/26
23	HT0022	朱笑笑	女	1981/7/1	123456198107013000	高中	2009/7/2	2009/10/2
42	HT0041	杨尚	男	1988/7/6	123456198807069374	本科	2011/6/13	2011/9/13
55	HT0054	杨鑫	男	1988/7/17	123456198807175130	专科	2012/6/22	2012/9/22
57	HT0056	王越名	男	1987/7/23	123456198707235150	研究生	2013/3/7	2013/6/7
58	HT0057	梦文	男	1988/7/15	123456198807155170	专科	2013/4/8	2013/7/8
60	HT0059	李霄云	男	1989/7/13	123456198907135110	本科	2013/6/10	2013/9/10
62	HT0061	赵强生	男	1986/7/24	123456198607240115	专科	2013/7/2	2013/10/2
68	HT0067	陈魄	男	1989/7/24	123456198907245190	本科	2014/4/29	2014/7/29
75	HT0074	温莲	女	1988/7/13	123456198807132040	专科	2014/11/26	2015/2/26
78	HT0077	龙生	男	1987/7/7	123456198707071734	专科	2015/6/16	2015/9/16
85	HT0084	简风	男	1983/7/8	123456198307081012	高中	2016/9/7	2016/12/7

员工信息表　序列数据

就绪　在 93 条记录中找到 15 个

步骤 03 复制筛选结果到新工作表。后续很多表格的建立和数据的统计分析都来源于“员工信息表”，所以筛选结果不能放置在该表中。执行筛选并复制筛选结果后，就需要取消该表的筛选。新建“7 月员工生日明细表”工作表，将“员工信息表”中筛选出来的结果复制到“7 月员工生日明细表”中，效果如下图所示。

	员工编号	姓名	部门	岗位	性别	出生年月
2	HT0001	陈果	市场部	市场经理	男	1983/7/26
3	HT0008	陈德格	总经办	生产副总	男	1972/7/16
4	HT0009	李运隆	生产部	技术人员	男	1984/7/23
5	HT0021	杨利瑞	总经办	总经理	男	1972/7/16
6	HT0022	朱笑笑	行政部	清洁工	女	1981/7/1
7	HT0041	杨尚	人力资源部	培训专员	男	1988/7/6
8	HT0054	杨鑫	市场部	促销推广员	男	1988/7/17
9	HT0056	王越名	财务部	成本会计	男	1987/7/23
10	HT0057	梦文	销售部	销售代表	男	1988/7/15
11	HT0059	李霄云	市场部	市场拓展员	男	1989/7/13
12	HT0061	赵强生	销售部	销售代表	男	1986/7/24
13	HT0067	陈魄	销售部	销售代表	男	1989/7/24
14	HT0074	温莲	市场部	市场策划员	女	1988/7/13
15	HT0077	龙生	市场部	市场拓展员	男	1987/7/7
16	HT0084	简风	生产部	技术人员	男	1983/7/8

7月员工生日明细表

2 函数法

如果以"月"为单位查看需要过生日的员工，使用筛选法则需要每月都执行一次筛选，而使用函数提取过生日员工的相关信息时，只需要更改月份，员工信息就会根据月份的变化而自动变化。

使用函数法获取过生日员工的信息时，需要用到IFERROR、INDEX、OFFSET、COUNTA、SMALL、IF、MONTH、COUNTIF、MID、ROW、INDIRECT和FIND函数的嵌套使用。

其中，IF（2.3.3小节）、COUNTIF（2.3.4小节）、MID（5.1.4小节）和INDIRECT（5.1.6小节）等函数前面已具体介绍过，这里不再赘述，下面将对未介绍过的函数进行介绍，如下表所示。

函数	含义及语法结构		参数函数
IFERROR	如果公式的计算结果错误，则返回指定的值；否则返回公式的结果 IFERROR(value,value_if_error)		value 检查是否存在错误的参数 value_if_error 公式的计算结果错误时返回错误值 #N/A、#VALUE!、#REF!、#DIV/0!、#NUM!、#NAME? 或 #NULL! 等
INDEX	数组形式	返回数组中指定的单元格或单元格数组的数值 INDEX(array,row_num,column_num)	array 是一个单元格区域或数组常量 row_num 用于选择要从中返回值的数组中的行 column_num 用于选择要从中返回值的数组中的列
INDEX	引用形式	返回引用中指定单元格或单元格区域的引用 INDEX(reference,row_num,column_num,area_num)	reference 是对一个或多个单元格区域的引用 row_num 是要从中返回引用的引用中的行编号 column_num 是要从中返回引用的引用中的列编号 area_num 用于选择要从中返回 row_num 和 column_num 的交叉点的引用区域
OFFSET	以指定的引用为参照系，通过给定偏移量返回新的引用 OFFSET(reference,rows, cols,[height],[width])		reference 表示偏移量参照的起始引用区域，该区域必须为单元格或连续的单元格区域 rows 表示相对于偏移量参照系的左上角单元格，向上或向下偏移的行数，行数为正数时，表示从起始单元格向下偏移，行数为负数表示向上偏移，0 表示不偏移 cols 表示相对于偏移量参照系的左上角单元格，向左或向右偏移的列数，列数为正数时，表示从起始单元格向右偏移，列数为负数表示向左偏移，0 表示不偏移 height 表示需要返回的引用区域的行数 width 表示需要返回的引用区域的列数
COUNTA	用于返回参数列表中非空值的单元格个数 COUNTA(value1,value2,...)		value1,value2,... 为所要计算的值，参数个数为 1~30 个，参数值可以是任何类型，包括空字符 (" ")，但不包括空白单元格

续表

函数	含义及语法结构	参数函数
SMALL	用于返回一个数组或指定数据区域中的第 k 个最小值 SMALL(array,k)	array 为需要找到第 k 个最小值的数组或数字型数据区域 k 为返回的数据在数组或数据区域中的位置（从小到大）
MONTH	用于返回指定日期中的月份 MONTH(serial_number)	serial_number 表示一个日期值，其中包含着要查找的月份
ROW	返回一个引用的行号 ROW(reference)	reference 为需要得到其行号的单元格或单元格区域，如果省略 reference，则假定是对函数 ROW 所在单元格的引用
FIND	返回一个字符串在另一个字符串出现的起始位置 FIND(find_text,within_text,start_num)	find_text 是要查找的字符串，如果是空文本（ ），则返回数值 1，不能包含通配符 within_text 是包含要查找关键字的单元格 start_num 指定开始进行查找的字符数，如果 start_num 小于 0，则返回 #VALUE!

获取过生日员工信息的具体操作步骤如下。

步骤 01 创建数组公式。新建一个"员工生日统计表"，并对表格结构进行设计，在 A3 单元格中输入公式"=IFERROR(INDEX(OFFSET(员工信息表 !A$1,1,,COUNTA(员工信息表 !$A:$A)-1,),SMALL(IF(MONTH(OFFSET(员工信息表 !$F$1,1,,COUNTIF(员工信息表 !$F:$F,">0")-1,))&OFFSET(员工信息表 !$N$1,1,,COUNTIF(员工信息表 !$F:$F,">0")-1,)=MID($A$1,1,FIND(" 月 ",$A$1)-1),ROW(INDIRECT("1:"&COUNTIF(员工信息表 !$F:$F,">0")-1)),2^20),ROW (1:1)))," ")"，按【Ctrl+Shift+Enter】组合键创建数组公式，向右拖动鼠标至 F3 单元格，向下拖动鼠标至 F30 单元格（假定每月过生日的人员不超过 30 人），如下图所示。

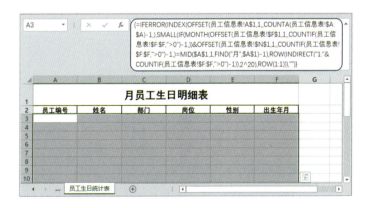

公式 "=IFERROR(INDEX(OFFSET(员工信息表 !A$1,1,,COUNTA(员工信息表 !$A:$A)-1,),SMALL(IF(MONTH(OFFSET(员工信息表 !$F$1,1,,COUNTIF(员工信息表 !$F:$F,">0")-1,))&OFFSET(员工信息表 !$N$1,1,,COUNTIF(员工信息表 !$F:$F,">0")-1,)=MID($A$1,1,FIND(" 月 ",$A$1)-1),ROW(INDIRECT("1:"&COUNTIF(员工信息表 !$F:$F,">0"))),2^20),ROW(1:1))),"")" 虽然很长，但是分解出来就很容易理解了。

首先需要用 IF 函数判断 5 月出生，且没有离职人员的员工编号。如果满足这个条件，就返回满足条件的这条信息所在的行号；如果不满足，就返回 Excel 支持的最大行数 2^20（1048576 行），在函数公式中常以 2^20 代替一个较大的数值，由此得到公式中的下画线部分。

专家点拨

如果要让 IF 返回的员工编号按从小到大进行排列，就需要使用 SMALL 函数进行排序，由此得到公式【=SMALL(IF(MONTH(OFFSET(员工信息表 !$F$1,1,,COUNTIF(员工信息表 !$F:$F,">0")-1,))&OFFSET(员工信息表 !$N$1,1,,COUNTIF(员工信息表 !$F:$F,">0")-1,)=MID($A$1,1,FIND(" 月 ",$A$1)-1),ROW(INDIRECT("1:"&COUNTIF(员工信息表 !$F:$F,">0"))),2^20),ROW(1:1))】。

然后用 INDEX 函数将数据区域中符合条件的员工编号分别提取出来，如果 INDEX 函数在进行计算过程中出错，则用 IFERROR 函数返回空值，从而得到最终的公式。

步骤 02　设置条件格式。如果直接为所选单元格区域添加边框，当月份和数据区域发生变化后，就会导致有些空白单元格区域添加了边框，或者不是空白的单元格区域没有添加边框，而是通过定义条件格式为满足条件的单元格区域添加边框，就不会出现这种情况。保持单元格区域的选择状态，打开【新建格式规则】对话框，选择【使用公式确定要设置格式的单元格】规则，在参数框中输入 "=$A3<>" "，单击【格式】按钮，如左下图所示。

步骤 03　添加边框。打开【设置单元格格式】对话框，选择【边框】选项卡，单击【外边框】按钮，再单击【确定】按钮，如右下图所示。

步骤 04 查看效果。将 F3:F30 单元格区域数字格式设置为"短日期",在 A1 单元格"月"文本前输入"5",按【Enter】键,即可将 5 月份要过生日的员工信息统计出来,效果如下图所示。

5.2.2 员工劳动合同到期统计表

为了保障企业和员工双方的利益,一般签订的劳动合同到期后,需要确定劳动合同是否续签。企业和员工双方同意续签劳动合同时,应该在合同期满之前完善手续,因此,需要提前统计好劳动合同到期的员工,并统计好员工续签的年限、续签的开始时间和续签结束时间等,以方便及时查找符合到期时间的员工信息。

如果公司员工比较多,每天打开表格查找员工劳动合同的到期情况非常麻烦,为了提高效率,减少操作,可以利用公式对符合到期时间的员工信息进行统计,具体操作步骤如下。

步骤 01 设计表格结构。新建工作表"员工合同到期统计表",并设计出表格结构,如下图所示。

步骤 02 在 A3 单元格中输入公式"=IFERROR(INDEX(OFFSET(员工信息表 !$A$1,1,MATCH(A$2, 员工信息表 !$A$1:$N$1,0)-1,COUNTA(员工信息表 !$A:$A)-1,),SMALL(IF((YEAR(OFFSET(员工信息表 !$K$1:$L$1,1,,COUNTA(员工信息表 !$A:$A)-1,))=--MID($A$1,1,FIND(" 年 ",$A$1)-1))*MONTH(OFFSET(员工信息表 !$K$1:$L$1,1,,COUNTA(员工信息表 !$A:$A)-1,))&OFFSET(员工信息表 !$N$1,1,,COUNTA(员工信息表 !$A:$A)-1,)=MID($A$1,6,FIND(" 月 ",$A$1)-1-FIND(" 年 ",$A$1)),ROW(INDIRECT("1:"&COUNTA(员工信息表 !$A:$A)-1)),2^20),ROW(1:1))),"

")"，按【Ctrl+Shift+Enter】组合键创建数组公式，向右拖动鼠标至E3单元格，向下拖动鼠标至E30单元格，如下图所示。

专家点拨

本例中的公式与5.2.1小节中的公式基本相同，只是IF函数部分不同，本例公式的IF函数部分 "IF((YEAR(OFFSET(员工信息表!$K$1:$L$1,1,,COUNTA(员工信息表!$A:$A)-1,))=--MID($A$1,1,FIND("年",$A$1)-1))*MONTH(OFFSET(员工信息表!$K$1:$L$1,1,,COUNTA(员工信息表!$A:$A)-1,))&OFFSET(员工信息表!$N$1,1,,COUNTA(员工信息表!$A:$A)-1,)=MID($A$1,6,FIND("月",$A$1)-1-FIND("年",$A$1)),ROW(INDIRECT("1:"&COUNTA(员工信息表!$A:$A)-1)),2^20)" 表示用IF函数判断是否满足标题中输入的劳动合同到期的年份、月份和有没有离职3种情况。

公式中的"-"是将文本型数字转换为数值型数字的方法，"-"是两个减号，表示先用一个减号将文本型数字转换为负数，再用一个减号将负数转换为正数。常用于文本函数LEFT、RIGHT、MID等，因为这些函数提取出来的数字为文本格式，要想让这些文本格式的数字参与计算，就必须将它们转换为数值格式。

步骤 03 计算在标题中的【年】和【月】前输入 "2015" 和 "6"，按【Enter】键，即可统计出2015年6月劳动合同到期人数，并且是没有离职的，在F3单元格中输入公式 "=IFERROR(VLOOKUP($A3,员工信息表!$A:$L,11,)," ")"，按【Enter】键计算出结果，向下拖动鼠标至F30单元格，如下图所示。

 **专家点拨** 其实通过 A3 单元格中的数组公式也能引用"员工信息表"中第 1 次劳动合同签订的时间和第 2 次劳动合同到期的时间，但由于第 2 次劳动合同到期时间有些是空白，引用出来的日期将显示为"1990/1/0"，导致后面的计算出错，因此本例使用另外的公式来计算。

步骤 04 输入计算公式。在以下单元格中输入公式，如下表所示。

单元格	公　　式	操　　作
G3	=IFERROR(IF(VLOOKUP($A3,员工信息表!$A:$L,12,)= 0," ",VLOOKUP($A3,员工信息表!$A:$L,12,))," ")	向下拖动鼠标至 G30 单元格
I3	=IF(AND(A3<>" ",H3=" 是 "),IF(G3<>" ",3,2)," ")	向下拖动鼠标至 I30 单元格
J3	=IF(AND(A3<>" ",H3=" 是 "),IF(G3=" ","5 年 ","无固定期限 ")," ")	向下拖动鼠标至 J30 单元格
K2	=IF(AND(A3<>" ",H3=" 是 "),MAX(F3:G3)+1," ")	向下拖动鼠标至 K30 单元格
L2	=IF(AND(A3<>" ",H3=" 是 "),IF(I3=3,"-",DATE(YEAR(K3)+5,MONTH(K3),DAY(K3)-1))," ")	向下拖动鼠标至 L30 单元格

步骤 05 设置条件格式。在 H3:H5 单元格区域中输入是否续签的结果，并对 A3:L30 单元格区域设置条件格式（设置方法与 5.2.1 小节的条件格式完全相同），如果该区域的单元格中有数值，则有边框，最终效果如下图所示。

更改表格标题中的年份和月份，统计的结果将随之发生变化，如下图所示是将年份更改为"2018"，月份更改为"9"后的效果。

专家点拨

公式"=IFERROR(IF(VLOOKUP($A3,员工信息表!$A:$L,12,)=0,"",VLOOKUP($A3,员工信息表!$A:$L,12,)),"")"表示根据员工编号在"员工信息表"中的A至L列区域中查找第12列中符合条件的数据,如果查找结果为0,则返回空值,否则返回符合条件的数值。

公式"=IF(AND(A3<>"",H3=" 是 "),IF(G3<>"",3,2),"")"表示如果员工编号不为空值,且续签劳动合同的情况,如果G3单元格不为空值,则表示第3次续签,否则表示为第2次续签。

公式"=IF(AND(A3<>"",H3=" 是 "),IF(G3="","5 年 "," 无固定期限 "),"")"表示G3为空值,则续签5年,否则为无固定期限。

公式"=IF(AND(A3<>"",H3=" 是 "),MAX(F3:G3)+1,"")"表示在第1次劳动合同到期时间和第2次劳动合同到期时间中返回一个最大的日期,在该日期上加1天,就是续签劳动合同的开始时间。

公式"=IF(AND(A3<>"",H3=" 是 "),IF(I3=3,"-",DATE(YEAR(K3)+5,MONTH(K3),DAY(K3)-1)),"")"表示如果是第3次签订劳动合同,则返回"-",如果是第2次签订,则返回比签订日期大5年且晚一天的日期。

5.2.3 员工岗位异动统计表

员工岗位异动也是引起人员流动的一大因素,因此,要实现人力资源的优化配置和合理流动,对员工岗位异动情况统计是必需的一项人事工作,可以清楚地记录人力资源配置情况。

员工岗位异动情况很多,主要分为平级异动、晋级异动和降级异动3类,如下图所示。

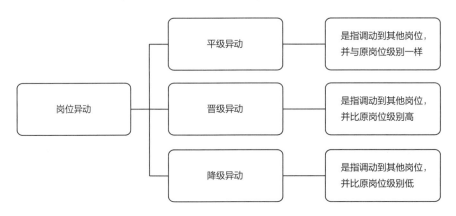

对员工岗位异动进行统计,主要是通过"数据验证"功能来实现的,具体操作步骤如下。

步骤 01 设置验证条件。新建"员工岗位异动统计表",设计表格结构,为了确保输入的员工编号在

"员工信息表"中存在，可以为员工编号设置数据有效性。选择A2:A30单元格区域，打开【数据验证】对话框，将允许条件设置为【自定义】，将【公式】设置为【=COUNTIF(员工信息表!A:A,A2)=1】，如左下图所示。

步骤 02 设置出错警告。选择【出错警告】选项卡，在【错误信息】列表框中输入出错提示，单击【确定】按钮，如右下图所示。

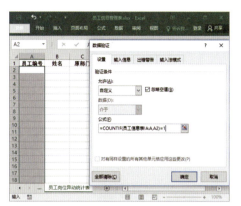

步骤 03 根据员工编号查找数据。在【员工编号】列中如果输入的编号是"员工信息表"中没有的，将弹出出错警告提示对话框，在B2单元格中输入公式"=IFERROR(VLOOKUP(A2,员工信息表!$A:$D,COLUMN(),0)," ")"，按【Enter】键计算出结果，向右拖动鼠标至D2单元格，如左下图所示。

步骤 04 设置一级下拉菜单。对公式中引用的单元格进行修改，向下拖动鼠标至D30单元格，为【新部门】设置二级联动下拉菜单，选择E2:E30单元格区域，将数据验证【允许】条件设置为【序列】，【来源】设置为【=部门名称】，并设置出错警告和关闭输入法模式，如右下图所示。

专家点拨 公式"=IFERROR(VLOOKUP(A2,员工信息表!$A:$D,COLUMN(),0),"")"表示根据 A2 单元格中的员工编号在员工信息表中的 A:D 区域中的第 2 列（COLUMN() 表示返回公式所在列的列号）中查找符合要求的数据，如果 A2 单元格中没有输入员工编号，那么查找出来的结果将返回 #NA 错误值，这时利用 IFERROR 函数能让错误的计算结果返回为指定的空白格。

步骤 05 设置二级下拉菜单。为【新岗位】列设置序列，选择 F2:F30 单元格区域，在【来源】参数框中输入"=INDIRECT(C2)"，并对出错警告和输入法模式进行设置，如左下图所示。

步骤 06 设置"变动类型"序列。为变动类型设置序列，【来源】设置为【平级变动,晋升变动,降级变动】，并对出错警告和输入法模式进行设置，如右下图所示。

步骤 07 查看最终效果。在单元格中输入和选择输入员工岗位变动信息，并对格式进行设置，完成员工岗位异动统计表设计，效果如下图所示。

员工编号	姓名	原部门	原岗位	新部门	新岗位	生效时间	变动类型
HT0012	陈丹	市场部	公关人员	销售部	销售经理	2016/7/12	晋升变动
HT0032	吴文茜	生产部	技术人员	生产部	生产主任	2018/12/5	晋升变动
HT0087	刘克丽	财务部	出纳	财务部	成本会计	2018/8/16	晋升变动
HT0091	程星宇	生产部	操作员	生产部	检验员	2018/10/25	平级变动

5.2.4 员工转正统计表

员工转正统计表主要是对员工的转正情况进行统计。只要制作好员工信息表，制作员工转正统计表就很简单了。具体操作步骤如下。

步骤 01　复制工作表。在"员工劳动合同统计表"工作表标签上右击,在弹出的下拉菜单中选择【移动或复制工作表】命令,打开【移动或复制工作表】对话框,在【下列选定工作表之前】列表框中选择【(移至最后)】选项,选中【建立副本】复选框,单击【确定】按钮,如左下图所示。

步骤 02　更改公式。将复制的工作表更改为"员工转正统计表",对表格结构和格式进行更改,选择A3单元格,在编辑栏中将原公式中的"OFFSET(员工信息表!$I$1:$J$1,1,,"更改为"OFFSET(员工信息表!$K$1:$L$1,1,,",按【Ctrl+Shift+Enter】组合键,如右下图所示。

步骤 03　查看最终效果。向右拖动鼠标至F3单元格,向下拖动鼠标至F30单元格,在G3单元格中输入公式"=F3+3",H3单元格中输入公式"=G3+7",分别向下拖动鼠标至30行,完成转正统计表的制作,效果如下图所示。

 高手自测16

当需要知道每位员工在该公司的工龄时,在什么表格的基础上进行设计最简单。另外,需要使用什么函数对员工工龄进行计算?

扫码看答案

第 6 章

人力资源规划——HR的指南针

　　人力资源规划就如同航海中的指南针，它能确保船只按照指定的航线到达目的地。HR 管理也是如此，需要先确定 HR 工作目标定位和实现途径。一个优秀的 HR，必须懂得人力资源规划，只有做好了人力资源规划，才能为后续工作保持良性的运作，以保证企业目标的顺利实现。

　　对于企业来说，人力资源规划的重点在于对企业当前的人力资源信息进行收集、统计与分析，并以分析结果和数据作为支撑，制定出未来人力资源工作的方案。

请带着下面的问题走进本章

1. 对人力资源结构进行分析时，主要是对哪些结构进行分析？

2. 如何根据员工信息表或在职人员表统计出在职人员结构？

3. 对人员流动进行分析时，怎样来确定分析的侧重点，采用什么方式分析更有效？

4. 怎样做好人员的预测和规划，使人力资源配置达到最佳状态？

6.1 分析在职人员结构，充分了解人力资源配置情况

在对人力资源进行规划时，首先需要对企业人力资源结构进行分析，如在职人员、性别比例、年龄分布、学历情况等，充分了解企业人力资源的现状。这样，人力资源的各项计划才有意义，而统计分析的结果也可为企业优化人力资源配置提供数据支撑。

6.1.1 统计在职人员结构

人员结构可以从人员类别、性别、学历、年龄、工龄等进行分析，但在分析之前，需要对人员结构进行统计。在"员工信息表"中包含了在职人员信息和离职人员信息，而要对在职人员结构进行统计，则需要将在职人员信息筛选出来，然后进行统计。

在 Excel 中，统计在职人员结构的方法有函数法和数据透视表法两种，HR 可以根据实际情况来选择合适的方法。

1 函数法

使用函数法对在职人员结构进行统计时，需要用到 SUMPRODUCT、COUNTIFS、COUNTIF 函数，COUNTIFS 函数用来计算多个区域中满足给定条件的单元格的个数。其语法结构为：COUNTIFS(criteria_range1,criteria1,criteria_range2,criteria2,...)，可以简单理解为 COUNTIFS(条件区域 1, 条件 1, 条件区域 2, 条件 2,...)。其具体用法与 2.3.4 小节讲解的 COUNTIF 用法一样，只是 COUNTIF 函数用于单条件计数，COUNTIFS 函数用于多条件计数。

使用函数法统计在职人员结构的具体操作步骤如下。

步骤 01　设置筛选区域。新建"人力资源分析表"工作簿，将工作表命名为"在职人员信息统计表"，在 A1:A2 单元格区域中输入筛选条件，单击【高级】按钮，打开【高级筛选 - 列表区域】对话框，在"员工信息表"中拖动鼠标选择引用的数据区域，如左下图所示。

步骤 02　设置筛选条件区域和筛选位置。选中【将筛选结果复制到其他位置】单选按钮，设置条件区域和筛选结果放置区域，单击【确定】按钮，如右下图所示。

步骤 03 查看筛选结果。筛选出没有离职的员工信息，删除多余的列和行，并对表格格式进行设置，效果如下图所示。

步骤 04 输入计算公式。新建"在职人员统计表"，并对表格结构进行设计，然后分别在以下单元格中输入需要的公式。

单元格	公式	操作	含义
B5	=COUNTIF(在职人员信息统计表!$C$2:$C$80,A5)	向下拖动鼠标至 B12 单元格	统计各部门人数
C5	=COUNTIFS(在职人员信息统计表!$C$2:$C$80,A5,在职人员信息统计表!$E$2:$E$80,$C$4)	向下拖动鼠标至 C12 单元格	统计各部门"男"员工人数
D5	=COUNTIFS(在职人员信息统计表!$C$2:$C$80,A5,在职人员信息统计表!$E$2:$E$80,$D$4)	向下拖动鼠标至 D12 单元格	统计各部门"女"员工人数
E5	=COUNTIFS(在职人员信息统计表!$C$2:$C$80,A5,在职人员信息统计表!$H$2:$H$80,$E$4)	向下拖动鼠标至 E12 单元格	统计各部门"研究生"学历人数

续表

单元格	公式	操作	含义
F5	=COUNTIFS(在职人员信息统计表!$C$2:$C$80,A5,在职人员信息统计表!$H$2:$H$80,$F$4)	向下拖动鼠标至F12单元格	统计各部门"本科"学历人数
G5	=COUNTIFS(在职人员信息统计表!$C$2:$C$80,A5,在职人员信息统计表!$H$2:$H$80,$G$4)	向下拖动鼠标至G12单元格	统计各部门"专科"学历人数
H5	=COUNTIFS(在职人员信息统计表!$C$2:$C$80,A5,在职人员信息统计表!$H$2:$H$80,$H$4)	向下拖动鼠标至H12单元格	统计各部门"中专"学历人数
I5	=COUNTIFS(在职人员信息统计表!$C$2:$C$80,A5,在职人员信息统计表!$H$2:$H$80,$I$4)	向下拖动鼠标至I12单元格	统计各部门"高中"学历人数
J5	=SUMPRODUCT((在职人员信息统计表!$C$2:$C$80=$A5)*(DATEDIF(在职人员信息统计表!$F$2:$F$80,$B$2,"Y")>=20)*(DATEDIF(在职人员信息统计表!$F$2:$F$80,$B$2, "Y")<=25))	向下拖动鼠标至J12单元格	统计各部门"20~25岁"年龄段人数
K5	=SUMPRODUCT((在职人员信息统计表!$C$2:$C$80=$A5)*(DATEDIF(在职人员信息统计表!$F$2:$F$80,$B$2,"Y")>=26)*(DATEDIF(在职人员信息统计表!$F$2:$F$80,$B$2,"Y")<=30))	向下拖动鼠标至K12单元格	统计各部门"26~30岁"年龄段人数
L5	=SUMPRODUCT((在职人员信息统计表!$C$2:$C$80=$A5)*(DATEDIF(在职人员信息统计表!$F$2:$F$80,$B$2,"Y")>=31)*(DATEDIF(在职人员信息统计表!$F$2:$F$80,$B$2,"Y")<=35))	向下拖动鼠标至L12单元格	统计各部门"31~35岁"年龄段人数
M5	=SUMPRODUCT((在职人员信息统计表!$C$2:$C$80=$A5)*(DATEDIF(在职人员信息统计表!$F$2:$F$80,$B$2,"Y")>=36)*(DATEDIF(在职人员信息统计表!$F$2:$F$80,$B$2,"Y")<=40))	向下拖动鼠标至M12单元格	统计各部门"36~40岁"年龄段人数
N5	=SUMPRODUCT((在职人员信息统计表!$C$2:$C$80=$A5)*(DATEDIF(在职人员信息统计表!$F$2:$F$80,$B$2,"Y")>=40))	向下拖动鼠标至N12单元格	统计各部门"40岁以上"年龄段人数
O5	=SUMPRODUCT((在职人员信息统计表!$C$2:$C$80=$A5)*(DATEDIF(在职人员信息统计表!$I$2:$I$80,$B$2,"Y")<1))	向下拖动鼠标至O12单元格	统计各部门"1年以下"工龄段人数
P5	=SUMPRODUCT((在职人员信息统计表!$C$2:$C$80=$A5)*(DATEDIF(在职人员信息统计表!$I$2:$I$80,$B$2,"Y")>=1)*(DATEDIF(在职人员信息统计表!$I$2:$I$80,$B$2,"Y")<=5))	向下拖动鼠标至P12单元格	统计各部门"1~5年"工龄段人数

续表

单元格	公式	操作	含义
Q5	=SUMPRODUCT((在职人员信息统计表!$C$2:$C$80=$A5)*(DATEDIF(在职人员信息统计表!$I$2:$I$80,$B$2,"Y")>=6)*(DATEDIF(在职人员信息统计表!$I$2:$I$80,$B$2,"Y")<=10))	向下拖动鼠标至Q12单元格	统计各部门"6~10年"工龄段人数
R5	=SUMPRODUCT((在职人员信息统计表!$C$2:$C$80=$A5)*(DATEDIF(在职人员信息统计表!$I$2:$I$80,$B$2,"Y")>10))	向下拖动鼠标至R12单元格	统计各部门"10年以上"工龄段人数
B13	=SUM(B5:B12)	向右拖动鼠标至R13单元格	统计各结构人数

步骤 05 让表格中的"0"不显示。在【Excel 选项】对话框中的【高级】选项卡中取消选中【在具有零值的单元格中显示零】复选框，即可在表格中不显示 0 值，最终效果如下图所示。

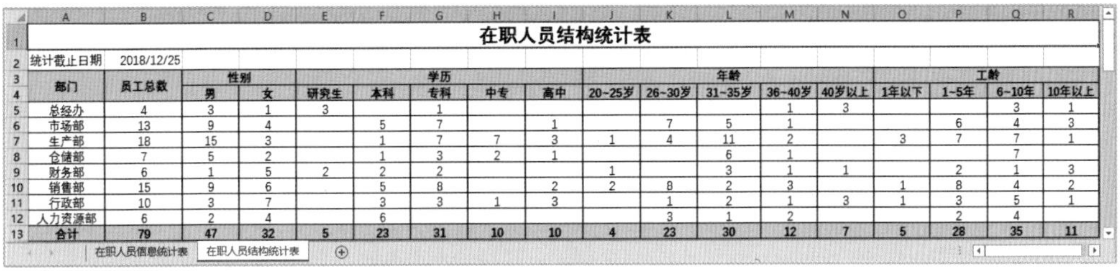

2 数据透视表法

对于某些数据统计，相对于函数法来说，使用数据透视表要比函数快得多，由于"在职人员结构统计表"中并没有需要统计的"年龄"和"工龄"数据，因此在使用数据透视表进行统计前，需要先将员工的年龄和工龄统计出来，在计算社会工龄时，需要根据一个时间来计算员工的社会工龄。如果这个时间是系统当前的时间，那么可以用 TODAY( ) 函数来代替这个时间参与计算，如果需要根据某一个固定的时间来计算，那么可直接输入这个时间来参与计算。下例中将根据固定的时间来计算员工的社会工龄，具体操作步骤如下。

步骤 01 计算员工年龄和工龄。在"在职人员信息统计表"中的【身份证号码】和【转正时间】列前分别插入【年龄】和【工龄】列。在 G2 单元格中输入公式"=DATEDIF(F2,"2018/12/30","Y")"，向下拖动鼠标至 G80 单元格，在 K2 单元格中输入公式"=DATEDIF(J2,"2018/12/30","Y")"，向下拖动鼠标至 K80 单元格，效果如下图所示。

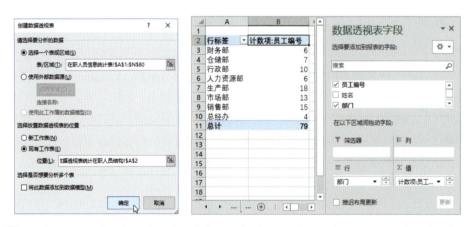

 专家点拨 如果要根据系统当前的日期来计算员工的工龄,那么可将公式 "=DATEDIF(F2,"2018/12/30","Y")" 更改为 "=DATEDIF(F2,TODAY(),"Y")"。

步骤 02 创建数据透视表。选择A1:N80单元格区域,单击【数据透视表】按钮,打开【创建数据透视表】对话框,选中【现有工作表】单选按钮,将【位置】设置为【数据透视表统计在职人员结构!$A$2】,单击【确定】按钮,如左下图所示。

步骤 03 创建"部门人数分布"数据透视表。新建空白数据透视表,打开【数据透视表字段】任务窗格,将【部门】拖动到【行】列表框中,将【员工编号】拖动到【值】列表框中,统计出各部门人数,如右下图所示。

步骤 04 创建"性别分布"数据透视表。选中 D2 单元格,新建一个空白数据透视表,将【部门】字段拖动到【行】列表框中,将【员工编号】字段拖动到【值】列表框中,将【性别】字段拖动到【列】列表框中,统计出各部门男女人数,如左下图所示。

步骤 05 创建"学历分布"数据透视表。选中I2单元格,新建一个空白数据透视表,将【部门】字段拖动到【行】列表框中,将【员工编号】字段拖动到【值】列表框中,将【学历】字段拖动到【列】列表框中,统计出各部门不同学历的人数,如右下图所示。

步骤 06 创建"年龄分布"数据透视表。选中Q2单元格,新建一个空白数据透视表,将【部门】字段拖动到【行】列表框中,将【员工编号】字段拖动到【值】列表框中,将【年龄】字段拖动到【列】列表框中,统计出各部门不同年龄的人数。右击年龄一行任意单元格,在弹出的快捷菜单中选择【创建组】命令,如下图所示。

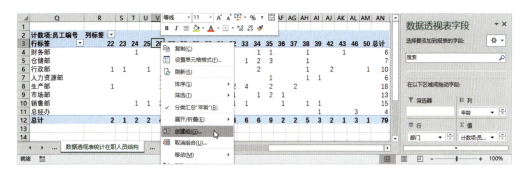

步骤 07 创建组。打开【组合】对话框,在【起始于】文本框中输入"21",在【终止于】文本框中输入"40",在【步长】文本框中输入"5",单击【确定】按钮,如左下图所示。

步骤 08 查看分组效果。数据透视表【列】中的【年龄】将按设置的步长进行分组,效果如右下图所示。

第6章 人力资源规划——HR的指南针 **161**

步骤 09 美化数据透视表。使用相同的方法按工龄段对各部门员工的工龄进行统计，并对数据透视表的位置和效果进行设置，完成数据透视表统计在职人员结构，最终效果如下图所示。

部门人数分布			性别分布					学历分布					
行标签	计数项:员工编号		计数项:员工编号	列标签				计数项:员工编号	列标签				
			行标签	男	女	总计		行标签	本科	高中	研究生	中专	专科	总计
财务部	6		财务部	1	5	6		财务部	2		2		2	6
仓储部	7		仓储部	5	2	7		仓储部	1	1		2	3	7
行政部	10		行政部	3	7	10		行政部	3	3		1	3	10
人力资源部	6		人力资源部	2	4	6		人力资源部	6					6
生产部	18		生产部	15	3	18		生产部	1	3		7	7	18
市场部	13		市场部	9	4	13		市场部	5			1	7	13
销售部	15		销售部	9	6	15		销售部	5	2			8	15
总经办	4		总经办	3	1	4		总经办			3		1	4
总计	79		总计	47	32	79		总计	23	10	5	10	31	79

	年龄分布						工龄分布				
计数项:员工编号	列标签						计数项:员工编号	列标签			
行标签	21-25	26-30	31-35	36-40	>41	总计	行标签	<1	1-5	6-10	>11	总计
财务部	1		3	1	1	6	财务部		2	1	3	6
仓储部			6	1		7	仓储部			7		7
行政部	3	1	2	1	3	10	行政部	1	3	5	1	10
人力资源部			3	1	2	6	人力资源部		2	4		6
生产部	1	4	11	2		18	生产部	3	7	7	1	18
市场部			7	5	1	13	市场部		6	4	3	13
销售部	2	8	2	3		15	销售部	1	8	4	2	15
总经办				1	3	4	总经办			3	1	4
总计	7	23	30	12	7	79	总计	5	28	35	11	79

6.1.2 分析在职人员结构

对公司在职人员结构进行分析，不仅可以了解企业人员的结构分配，还能根据当前企业的发展目标来检验企业现有人力资源是否匹配。

分析在职人员结构时，可以通过简单的交互式图表和多级联动的交互式图表进行分析，简单的交互式图表就是每个维度一张表，多用于查看不同人员结构的人数和所占的比例。而多级联动的交互式图表可以将图表作为一个筛选器，单击其中某一个数据项，与其关联的图表将会筛选出选项所对应的数据内容，相对于简单的交互式图表来说，多级联动的交互式图表比较复杂，但能从不同的角度分析数据。

1 简单的交互式图表

一张图表只能展示一组数据维度的情况，在分析人员结构时比较常用。使用简单的交互式图表对在职人员进行分析时，主要对下图所示的几个方面进行分析。

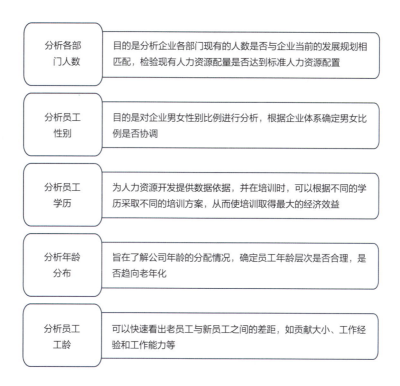

具体操作步骤如下。

步骤 01 分析各部门人数。在"在职人员结构统计表"中选择 A5:B12 单元格区域，插入簇状柱形图，将标题更改为"各部门人数分布"，为其添加【数据标签外】数据标签，如下图所示。

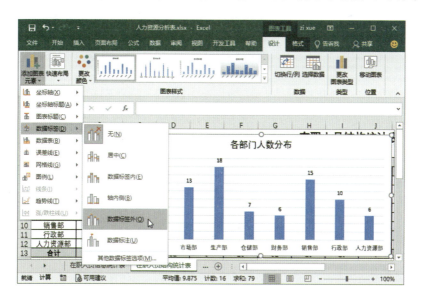

步骤 02 美化图表。为图表应用样式【样式7】，选择所有数据系列，再单击【生产部】数据系列，在【图表工具 - 格式】选项卡【形状样式】组【形状填充】下拉列表中选择【橙色，个性色2】选项，突出显示人数最多的部门，并将图表调整到表格右侧，效果如下图所示。

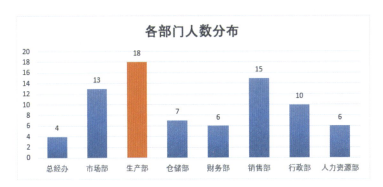

步骤 03 插入和布局饼图。选择 C4:D4 和 C13:D13 单元格区域，插入饼图，应用【样式5】，将图表标题更改为"性别分布"，在【快速布局】下拉列表中选择【布局1】命令，如左下图所示。

步骤 04 查看效果。将饼图移动到簇状柱形图右侧，效果如右下图所示。

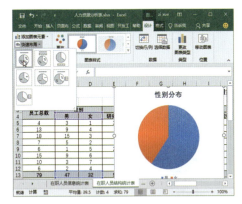
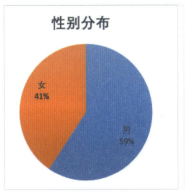

步骤 05 分析员工学历。选择 E4:I4 单元格区域，再按【Ctrl】键选择 E13:I13 单元格区域，插入簇状柱形图，并为图表应用样式、添加数据标签、设置填充效果等，效果如下图所示。

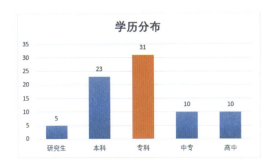

步骤 06 查看在职人员结构分析效果。使用前面制作簇状柱形图和饼图的方法制作"年龄分布"和"工龄分布"图表,最终效果如下图所示。

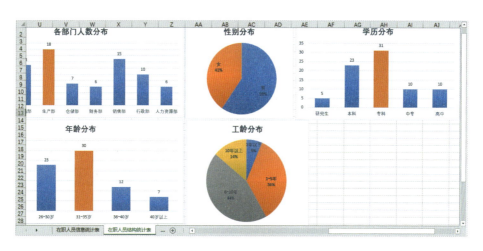

2 多级联动的交互式图表

要想对各部门的人员结构进行分析,如分析各部门的男女分布情况、各部门的学历分布情况、不同部门不同年龄阶段的人数等,简单的交互式图表并不能直接实现,这时就需要使用多级联动的交互式图表。它可根据选项变化,生成不同数据源的图表。

使用多级联动的交互式图表对人员结构进行分析时,其操作步骤相对于简单的交互式图表更复杂,但只要掌握制作的流程,就能快速制作出需要的多级联动的交互式图表,制作流程如下图所示。

另外,对在职人员结构进行分析时,可以从分析目的的不同来进行考虑,如下图所示。

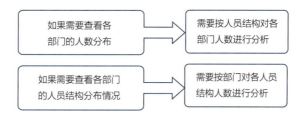

(1)按人员结构分析各部门人数。

按人员结构对各部门人数进行分析,其目的是分析相同人员结构下,不同部门之间的人数。下面将按照动态图表的制作流程根据人员结构分析各部门人数，具体操作步骤如下。

步骤 01 建立辅助表格。在"在职人员结构统计表"中复制 A3:R13 单元格区域，将其粘贴到 A16:R26 单元格区域中，删除表格中的计算结果，在 B18 单元格中输入公式"=IF(B5<>0,B5,NA())"，向右拖动鼠标至 R18 单元格，向下拖动鼠标至 R26 单元格，效果如下图所示。

专家点拨 —— 之所以添加辅助表格，用 NA() 函数生成的错误值"#N/A"代替"0"值，是因为创建图表时，图表中会显示"0"值，而错误值"#N/A"不会在图表中显示，这样使图表显得更简洁。

步骤 02 输入辅助数据。要让图表与组合框关联起来，实现图表的多级联动，那么这些辅助数据就是实现图表多级联动的关键。在 A29:E35 单元格区域中输入辅助数据，效果如下左图所示。

步骤 03 添加【开发工具】选项卡。在【Excel 选项】对话框【自定义功能区】选项中选中【开发工具】复选框，单击【确定】按钮，如右下图所示。

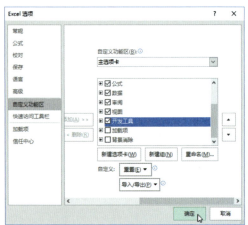

步骤 04 选择组合框控件。单击【开发工具】选项卡【控件】组中的【插入】按钮，在弹出的下拉列表中选择【表单控件】栏中的【组合框】选项，如左下图所示。

步骤 05 设置控件格式。在表格中单击,插入组合框控件,再插入一个组合框控件,在第一个组合框控件上右击,在弹出的下拉菜单中选择【设置对象格式】命令,打开【设置对象格式】对话框,对数据源区域、单元格链接和下拉显示项数进行设置,单击【确定】按钮,如右下图所示。

步骤 06 计算性别辅助数据。在 F31 单元格中输入公式 "=INDEX($B$31:$E$35,ROW(1:1),$B$29)",按【Ctrl+Shift+Enter】组合键,向下拖动鼠标至 F35 单元格中,如左下图所示。

步骤 07 设置控件格式。选择第 2 个组合框控件,打开【设置控件格式】对话框,对数据源区域、单元格链接和下拉显示项数进行设置,单击【确定】按钮,如右下图所示。

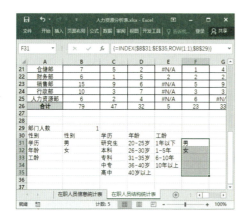

专家点拨　公式 "=INDEX($B$31:$E$35,ROW(1:1),$B$29)" 表示返回 B31:E35 单元格区域中第 1 行第 1 列单元格中的值(行是 ROW(1:1) 返回的值,列是根据 B29 单元格中的值来确定的)。

步骤 08 新建名称。在【定义的名称】组中单击【定义名称】按钮,打开【新建名称】对话框,在【名称】

文本框中输入"按人员结构分析各部门",在【引用位置】参数框中输入"=CHOOSE($B$29, OFFSET($C$18:$C$25,,$C$29-1), OFFSET($E$18:$E$25,,$C$29-1),OFFSET($J$18:$J$25,,$C$29-1),OFFSET($O$18:$O$25,,$C$29-1))",单击【确定】按钮,如左下图所示。

步骤 09 选择数据源。选择 A18:A25 和 C18:C25 单元格区域,插入圆环图,选择图表,单击【选择数据】按钮,打开【选择数据源】对话框,选择【系列 1】选项,单击【编辑】按钮,如右下图所示。

> **专家点拨**
>
> CHOOSE 函数就是在列举的共有参数(给定的索引值)中选择一个并返回这个参数的值。其语法结构为 CHOOSE(index_num,value1,[value2],...),也可以简单理解为 CHOOSE(索引,数据1,数据2,...),index_num 指定所选定的参数值,如果 index_num 为 1,则返回 value1,如果 index_num 为 2,则返回 [value2],以此类推。
>
> 公式"=CHOOSE($B$29,OFFSET($C$18:$C$25,,$C$29-1),OFFSET($E$18:$E$25,,$C$29-1),OFFSET($J$18:$J$25,,$C$29-1),OFFSET($O$18:$O$25,,$C$29-1))"表示根据 B29 单元格中的值来确定返回的数值。

步骤 10 编辑数据系列。打开【编辑数据系列】对话框,在【系列名称】参数框中输入"部门人数分布",在【系列值】参数框中输入"=在职人员结构统计表!按人员结构分析各部门人数",单击【确定】按钮,如左下图所示。

步骤 11 设置数据标签。删除图例,对图表效果进行设置,选择添加的数据标签,打开【设置数据标签格式】任务窗格,选中【类别名称】【值】【百分比】和【显示引导线】复选框,在【分隔符】下拉列表框中选择【分行符】选项,如右下图所示。

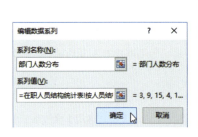 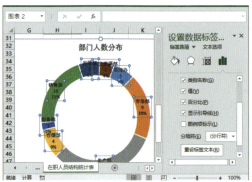

> **专家点拨** 【系列值】是图表动态展示数据的关键，因此，设置数据系列的系列值时，公式中的名称一定要与定义的名称完全相同，否则不能实现图表的动态展示或出现图表数据关联错误的情况。

步骤 ⑫ 设置圆环图数据系列。选择圆环图中的数据系列，在【系列选项】中将【第一扇区的起始角度】设置为【45°】，【圆环图的内径大小】设置为【55%】，如左下图所示。

步骤 ⑬ 组合图表和空间。将圆环图中不能完全显示的数据标签移动到圆环图的周围，这样更便于查看，将组合框置于图表最上方。因为这两个组合框空间是关联这个图表的，将组合框空间和图表组合在一起，可以让组合框空间随着图表而移动。按【Ctrl】键选择两个组合框控件和图表并右击，在弹出的快捷菜单中选择【组合】命令，在联级菜单中选择【组合】命令，将图表和组合框控件组合在一起，如右下图所示。

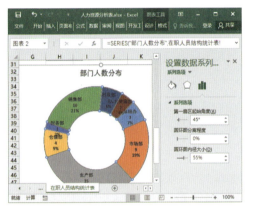
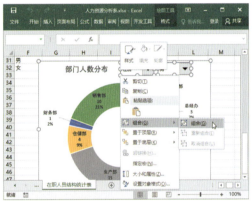

步骤 ⑭ 查看多级联动图表效果。在第 1 个组合框控件中选择某个选项，在第 2 个组合框控件中将显示与第 1 个组合框控件的子选项，并且图表中也展示与两个组合框控件相关的数据，如下图所示为在组合框控件中选择不同的选项后图表所展示的效果。

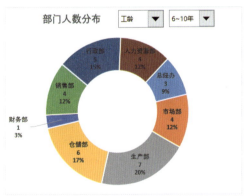

（2）按部门分析人员结构。

按部门分析人员结构，就是对各个部门中人员的性别分布、学历分布、年龄分布和工龄分布等进行分析。其分析方法与按人员结构分析各部门人数的方法类似，具体操作步骤如下。

步骤 01 设置第1个组合框控件格式。复制粘贴图表，选择图表中的第1个组合框控件，打开【设置对象格式】对话框，设置【数据源区域】【单元格链接】和【下拉显示项数】，单击【确定】按钮，如左下图所示。

步骤 02 设置第2个组合框控件格式。选择图表中的第2个组合框控件，打开【设置对象格式】对话框，设置【数据源区域】【单元格链接】和【下拉显示项数】，单击【确定】按钮，如右下图所示。

步骤 03 定义名称。打开【新建名称】对话框，将【名称】设置为【按部门分析人员结构】，【引用位置】设置为【=CHOOSE($E$29,OFFSET($C$18:$D$18,$D$29-1,),OFFSET($E$18:$I$18,$D$29-1,),OFFSET($J$18:$N$18,$D$29-1,),OFFSET($O$18:$R$18,$D$29-1,))】，单击【确定】按钮，如左下图所示。

步骤 04 定义名称。打开【新建名称】对话框，将【名称】设置为【人员结构明细数据】，【引用位置】设置为【=CHOOSE($E$29,$B$31:$B$32,$C$31:$C$35,$D$31:$D$35, $E$31:$E$34)】，效果如右下图所示。

步骤 05 编辑数据系列。选择图表,打开【选择数据源】对话框,对数据系列进行编辑,在【编辑数据系列】对话框中将【系列名称】设置为【人员结构分布】,将【系列值】设置为【=人力资源分析表.xlsx!按部门分析人员结构】,单击【确定】按钮,如左下图所示。

步骤 06 编辑轴标签。对水平轴标签进行编辑,在【轴标签】对话框中将【轴标签区域】设置为【=在职人员结构统计表!人员结构明细数据】,单击【确定】按钮,如右下图所示。

步骤 07 选择图表。单击【类型】组中的【更改图表类型】按钮,如左下图所示。

步骤 08 更改图表类型。打开【更改图表类型】对话框,选择【饼图】选项,单击【确定】按钮,如右下图所示。

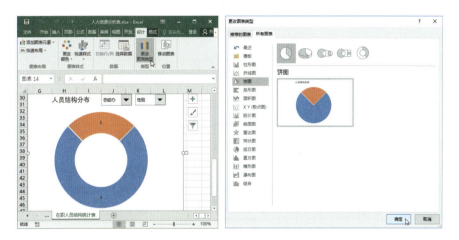

步骤 09 查看多级联动图表效果。在第1个组合框控件中选择部门选项,在第2个组合框控件中将显示人员结构项,图表中将显示部门所对应的人员结构分析数据,效果如下图所示。

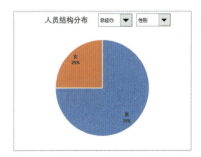

高手自测 17

多级联动动态图表相对于普通图表更智能，但也更容易出错，一个步骤出错就可能导致整个图表制作不出来。那么在制作这类动态图表时，需要特别注意哪几个方面的设置？

扫码看答案

6.2 分析人员流动，寻找解决之道

人员流动是企业发展过程中的一种必然现象，一个企业完全没有人员流动或人员流动太大，都会对企业的正常运营产生一定的影响。但合理有序的人员流动，却可以达到人力资源与物力资源的优化配置，促进企业的发展。因此，HR 在对人力资源进行管理时，需要及时对企业人员流动情况进行分析，注意控制人员流动量，避免企业人才流失不合理。

6.2.1 统计分析各部门的人员流动情况

对各部门的人员流动情况进行统计，其目的是了解各部门在某一段时间内的入职、离职情况，以方便对各部门的人员流动情况进行对比分析。

统计分析各部门的人员流动情况的具体操作步骤如下：

步骤 01 设计表格效果。在"人力资源分析表"工作簿中新建"人员流动统计表"，设计工作表结构，并对表格效果进行设置，最终效果如下图所示。

步骤 02 输入计算公式。在单元格中分别输入需要的公式，如下表所示。

单元格	公　式	操作	含义
B5	=SUMPRODUCT(([员工信息管理表.xlsx]员工信息表!$A$2:$N$114 =$A5)*(YEAR([员工信息管理表.xlsx]员工信息表!$I$2:$I$114)=$B$2)*(MONTH([员工信息管理表.xlsx]员工信息表!$I$2:$I$114)=--LEFT(B$3,FIND(" 月 ",B$3)-1)))	向下拖动鼠标至B12单元格	汇总各部门1月份入职人数
C5	=SUMPRODUCT(([员工信息管理表.xlsx]员工信息表!$C$2:$C$114=$A5)*(YEAR([员工信息管理表.xlsx]员工信息表!$M$2:$M$114)=$B$2)*(MONTH([员工信息管理表.xlsx]员工信息表!$M$2:$M$114)=--LEFT(B$3,FIND("月",B$3)-1)))	向下拖动鼠标至C12单元格	汇总各部门1月份离职人数
Z5	=SUMIF($B$4:$Y$4,Z$4,$B5:$Y5)	向下拖动鼠标至Z12单元格	统计各部门1年入职总人数
AA5	=SUMIF($D$4:$Y$4,AA$4,$B5:$Z5)	向下拖动鼠标至AA12单元格	统计各部门1年离职总人数
B13	=SUM(B5:B12)		统计1月入职总人数
C13	=SUM(C5:C12)		统计1月离职总人数

专家点拨　　由于公式中引用的是"员工信息管理表"工作簿中的数据，因此，每次打开"人力资源分析表"工作簿时，都会打开提示对话框，提示是否更新数据。单击【更新】按钮，将根据"员工信息管理表"工作簿"员工信息表"中数据的变化而变化；单击【不更新】按钮，计算结果将保持不变。

步骤 03　复制公式。选择B5:C13单元格，向右拖动鼠标至Y13单元格区域，复制公式，计算出其他单元格中的数据，由于相邻列之间的公式不一致，单元格中将显示错误标记，忽略单元格中的错误，最终效果如下图所示。

步骤 04　输入图表辅助数据。因为人员入职、离职情况并不是每月都有，所以对各部门人员流动情况进行分析时，一般是对某一段时间内入职、离职的总人数进行分析。在 A15:C23 单元格区域中输入图表需要用到的数据，且【离职】列数据最好按从低到高的顺序进行编列，这样制作出来的条形图中的【离职】数据系列将按从高到低的顺序从上到下排列，如左下图所示。

步骤 05 将【离职】列中的数据前面添加【-】号，如右下图所示。其目的是将入职人数和离职人数在堆积条形图中以左右对比的形式进行显示。如果都是正数，那么插入堆积条形图后，入职人数和离职人数在图表中是重叠显示的。

步骤 06 插入图表。选择 A15:C23 单元格区域，插入堆积条形图，将标题更改为"人员流动情况对比图"，如左下图所示。

步骤 07 设置数据格式。选择 C16:C23 单元格区域，打开【设置单元格格式】对话框，将【分类】设置为【自定义】，将【类型】设置为【#;#;0】，单击【确定】按钮，单元格区域中的负数将显示为正数，且不会影响图表标签的显示，如右下图所示。

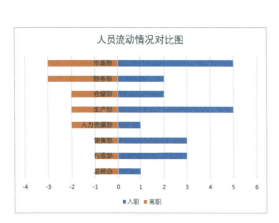

步骤 08 设置坐标轴标签。选择横坐标轴标签，打开【设置坐标轴格式】任务窗格，将坐标轴的【最大值】设置为【5】，【最小值】设置为【-5】，【单位】设置为【1】，将【数字格式】设置为【#;#;0】，如下图所示。

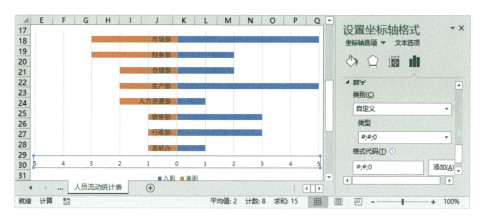

步骤 09 查看图表效果。将文字标签位置设置为【低】,将文本标签移动到图表左侧,再设置图表标签的形状格式,并设置图表效果,最终效果如下图所示。

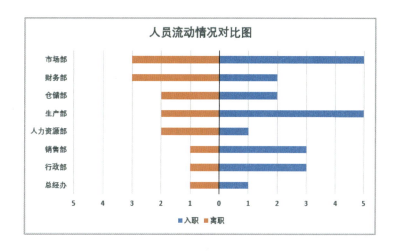

6.2.2 统计分析年度人员流动情况

如何有针对性地解决人员流失问题是企业最为关注的问题之一。而对年度人员流动情况进行统计分析,可以快速了解企业人力资源的流失情况及对波动现状进行了解,以便掌握员工流失的整体情况和规律,这样可以为降低人员流失率提出针对性的方案。

在对年度人员流动情况进行统计和分析时,需要用到很多人员流动指标,如下表所示。

指标	含义	计算方法
期初人数	是指报告期最初一天企业实有人数，如月、季、年初人数	
期末人数	是指报告期最后一天企业实有人数，如月、季、年末人数	
平均人数	是指报告期内平均每天拥有的劳动力人数，属序时平均数指标	=（期初人数+期末人数）/2
人员流动率	是指报告期内企业流动人数（包括流入人数和流出人数）占总人数的比例。是考查企业组织与员工队伍是否稳定的重要指标，报告期一般为一年	流动率=（一年期内流入人数+流出人数）/（期初人数+入职人数）
人员流失率	是指报告期内企业流失人数占总人数的比例，是掌握员工流失整体情况和规律的重要指标	流失率=离职人数/（期初人数+入职人数）

统计分析年度人员流动情况的具体操作步骤如下。

步骤 01 设计表格结构。在"人力资源分析表"工作簿中新建"年度人员流动统计分析表"，并对表格进行设计，效果如下图所示。

步骤 02 输入计算公式。在单元格中分别输入公式，统计出年度人员流动情况，如下表所示。

单元格	公式	操作
B4	=SUMPRODUCT(([员工信息管理表.xlsx]员工信息表!$I$2:$I$114<DATE($B$2,--LEFT(B$3,FIND(" 月 ",B$3)-1),1))*([员工信息管理表.xlsx]员工信息表!$I$2:$I$114>2017/1/1))-SUMPRODUCT(([员工信息管理表.xlsx]员工信息表!$M$2:$M$114<DATE($B$2,--LEFT(B$3,FIND(" 月 ",B$3)-1),1))*([员工信息管理表.xlsx]员工信息表!$M$2:$M$114>2017/1/1))	向右拖动鼠标至M4单元格

续表

单元格	公式	操作
B5	=SUMPRODUCT((YEAR([员工信息管理表.xlsx]员工信息表!$I$2:$I$114)=$B$2)*(MONTH([员工信息管理表.xlsx]员工信息表!$I$2:$I$114)=--LEFT(B$3,FIND(" 月 ",B$3)-1)))	向右拖动鼠标至 M5 单元格
B6	=SUMPRODUCT((YEAR([员工信息管理表.xlsx]员工信息表!$M$2:$M$114)=$B$2)*(MONTH([员工信息管理表.xlsx]员工信息表!$M$2:$M$114)=--LEFT(B$3,FIND(" 月 ",B$3)-1)))	向右拖动鼠标至 M6 单元格
B7	=B4+B5-B6	向右拖动鼠标至 M7 单元格
B8	=B7-B4	向右拖动鼠标至 M8 单元格
B9	=INT((B4+B7)/2)	向右拖动鼠标至 M9 单元格
B10	=B6/(B4+B5)	向右拖动鼠标至 M10 单元格
B11	=(B6+B5)/(B4+B5)	向右拖动鼠标至 M11 单元格

 专家点拨

公式中的 "=SUMPRODUCT((([员工信息管理表.xlsx]员工信息表!$I$2:$I$114<DATE($B$2,--LEFT(B$3,FIND(" 月 ",B$3)-1),1))*([员工信息管理表.xlsx]员工信息表!$I$2:$I$114>2017/1/1))-SUMPRODUCT((([员工信息管理表.xlsx]员工信息表!$M$2:$M$114)<DATE($B$2,--LEFT(B$3,FIND(" 月 ",B$3)-1),1))*([员工信息管理表.xlsx]员工信息表!$M$2:$M$114>2017/1/1)" 表示入职时间小于 2018/1/1/ 的这组数据与员工入职时间大于 2017/1/1 的这组数据乘积之和减去离职时间小于 2018/1/1 的这组数据与员工离职时间大于 2017/1/1 的乘积之和。

步骤 **03** 设置数据格式。将人员流动率和人员流失率的两行数据设置为不带小数的百分比，最终效果如下图所示。

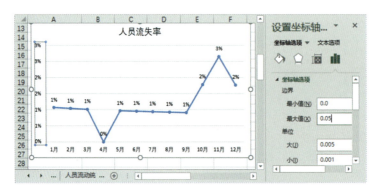

步骤 04 设置带数据标签的折线图。选择 A3:M3 单元格区域和 A10:M10 单元格区域，插入带数据标签的折线图，在数据系列上方添加数据标签，选择纵坐标轴，打开【设置坐标轴格式】任务窗格，将【最大值】设置为【0.05】，如下图所示。

步骤 05 美化图表。按【Enter】键确认，加粗标题，并对图表数据系列的颜色进行更改，效果如左下图所示。

步骤 06 更改图表数据区域。复制图表，打开与复制图表对应的【选择数据源】对话框，将【图表数据区域】设置为【=年度人员流动统计分析表!$A$3:$M$3,年度人员流动统计分析表!$A$11:$M$11】，单击【确定】按钮，如右下图所示。

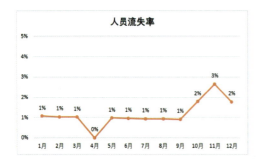

> **专家点拨** 对人员流动情况进行分析时，人员流动率和流失率是判断企业的人员流动量是否在合理的范围内，因此，企业在对人员流动情况进行分析时，人员的流失率和流动率是必须要进行分析的。

步骤 07 查看图表效果。图表中的标题和图表展示的数据都将随之发生变化，效果如左下图所示。

步骤 08 复制创建图表。选择【人员流失率】图表，向下进行复制，【人员流入流出情况】，在【选择数据源】对话框中将【图表数据区域】设置为【=年度人员流动统计分析表!$A$3:$M$3,年度人员流动统计分析表!$A$5:$M$6】，效果如右下图所示。

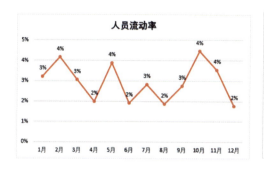
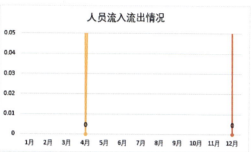

> **专家点拨** 人员的流入流出是指人员的入职和离职情况，根据分析某段时间内人员入职、离职情况，可以看出该时间内人员流动的趋势走向。

步骤 09 设置坐标轴格式。由于纵坐标轴中的数据标签选项是百分比形式，而流入和流出数据又不属于百分比，因此不能正常显示，需要对坐标轴的数据标签选项进行设置。选择纵坐标轴数据标签，在【设置坐标轴格式】任务窗格中对标签选项的【最小值】【最大值】和【单位】进行设置，效果如下图所示。

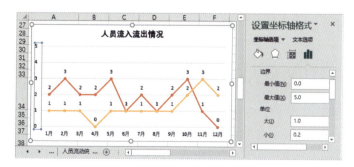

步骤 10 复制更改图表。复制【人员流入流出情况】图表到右侧，将【图表数据区域】更改为【=年度人员流动统计分析表!$A$3:$M$3,年度人员流动统计分析表!$A$8:$M$8】，将标题更改为

【增加/减少人数】，效果如左下图所示。

步骤 ⑪ 设置坐标轴格式。选择纵坐标轴，在【设置坐标轴格式】任务窗格中将【坐标轴选项】的【最小值】设置为【−3.0】，按【Enter】键，如右下图所示。

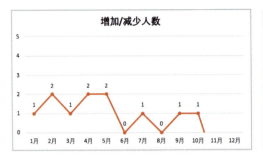

步骤 ⑫ 设置坐标轴标签数字格式。双击展开【数字】选项，将【类别】设置为【数字】，将【小数位数】设置为【0】，负数以带"−"负号的红色文字显示，如下图（左）所示。

步骤 ⑬ 设置数据标签数字格式。使用相同的方法设置数据标签的数字格式，如下图（中）所示。

步骤 ⑭ 设置标签位置。如果不设置横坐标轴的标签位置，横坐标轴将显示在与"0"坐标轴标签选项横排对应的位置，这样正值和负值将会因为横坐标轴分隔开。将横坐标的标签位置设置为【低】，让横坐标轴显示在图表最下方，效果如下图（右）所示。

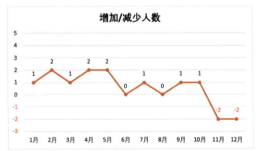

6.2.3 统计分析人员离职原因

对人员流动情况进行分析，分析离职原因是必不可少的，因为人员离职是导致人员流动最大的一个因素。通过分析人员离职原因，可以及时发现管理中存在的问题，了解员工真实的心理状态，以便采取相应的管理或控制措施，减少人员离职导致的人员流失。

分析人员离职原因的具体操作步骤如下。

步骤 01　设计表格。在"年度人员流动统计分析表"中设计"人员离职原因汇总分析"表格,效果如左下图所示。

步骤 02　计算离职人数和比例。在B41单元格中输入公式"=SUMPRODUCT(([员工信息管理表.xlsx]员工信息表!$N$2:$N$114=$A42)*(YEAR([员工信息管理表.xlsx]员工信息表!$M$2:$M$114)=$B$2))",向下拖动鼠标至B53单元格,在C41单元格中输入公式"=B42/SUM($B$42:$B$54)",向下拖动鼠标至C53单元格,效果如右下图所示。

步骤 03　插入簇状条形图。按住【Ctrl】键拖动鼠标选择A40:A53和C40:C53单元格区域,单击【推荐的图表】按钮,打开【插入图表】对话框,在【推荐的图表】选项卡中选择【簇状条形图】选项,单击【确定】按钮,如下图所示。

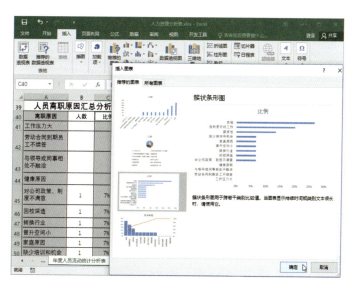

步骤 04　美化图表效果。为图表添加数据标签,并对图表的效果进行设置,最终效果如下图所示。

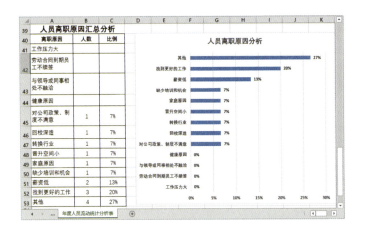

 高手自测 18

使用图表对年度人员流动情况进行分析,如果行字段较多,且每个行字段需要用一个单独的图表展示数据时,会显得表格中的图表很多,不利于查看,有没有什么方法可以让图表显示在固定的单元格中?

扫码看答案

6.3 做好预测和规划,从容面对用人荒

人力资源管理首先是人力资源规划,而人力资源预测又是人力资源规划中最重要的一环。企业要真正做到"人尽其才、才尽其用",就必须做好人力资源预测,并根据预测结果做好规划管理。这样在面对人员流动时,就不会对企业产生较大的影响。

6.3.1 预测人力资源效益走势情况

对人力资源效益进行预测时,可以根据当前人力成本投入和产出价值分析当前获益情况及未来的走势情况,从而决定是否需要对人力资源进行优化。

对人力资源效益进行预测时,可以通过 Excel 数据分析工具中的移动平均值对某一段时间内的人力资源效益进行预算推演,以达到预测的目的。例如,要对 2007—2018 年的人力资源效益走势情况进行预测,使用移动平均工具进行预测的具体操作步骤如下。

步骤 01 设计表格效果。在工作簿中新建"预测人力资源效益走势情况"工作表,设计工作表结构。在 A 列单元格中输入年份,在 B2 单元格中输入公式"=SUMPRODUCT((YEAR(在职人员信息统计表!$J$2:$J$80)=$A2)*1)",向下拖动鼠标至 B13 单元格,在其他列单元格中输入数据,效果如右图所示。

步骤 02 转到加载项。打开【Excel 选项】对话框,在左侧选择【加载项】选项,单击【转到】按钮,如左下图所示。

步骤 03 加载数据分析工具。打开【加载项】对话框,选中【分析工具库】复选框,单击【确定】按钮,将数据分析工具添加到【数据】选项卡中,如右下图所示。

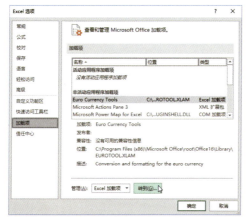

步骤 04 选择数据分析工具。单击【数据】选项卡【分析】组中的【数据分析】按钮,打开【数据分析】对话框,选择【移动平均】选项,单击【确定】按钮加载移动平均功能,如左下图所示。

步骤 05 设置移动平均。打开【移动平均】对话框,在【输入区域】文本框中输入"$E$2: $E$13";在【间隔】文本框中输入"2",在【输出区域】文本框中输入"$F$2",选中【图表输出】和【标准误差】复选框,单击【确定】按钮,如右下图所示。

> **专家点拨** 在设置移动平均的间隔时，间隔不能为 0 或是 1，因为移动平均需要至少两个数字（一组数字）进行平均计算，否则将会被提示超出边界。

步骤 06 查看移动平均预测效果。系统自动创建收益比例的移动走势图表和移动平均数字（F 列）及误差数字（G 列），效果如下图所示。

步骤 07 设置轴标签。打开【轴标签】对话框，将【轴标签区域】设置为【=预测人力资源效益走势情况!$A$2:$A$13】，单击【确定】按钮，如左下图所示。

步骤 08 查看图表效果。调整和移动图表，在图表右侧绘制一个圆角矩形标注，在其中输入由图表得出的结论，并对形状进行美化，最终效果如右下图所示。

6.3.2 线性规划人力资源配置

由上例得出，2018 年的收益比例是最低的，呈下滑趋势，需要对人力资源进行优化配置。线性规划是人力资源优化最有效的工具之一，它应用分析、量化的方法，为合理地利用有限的人力、物力、财力等资源做出最优决策，提供科学的依据，以实现有效管理。

使用线性规划对人力资源进行优化配置时，必须要掌握线性规划的三要素，包括决策变量、约束条件和目标函数，如下图所示。

| 决策变量 | 是指解决某一问题时可变的因素 |

| 约束条件 | 是指为实现系统目标的限制因素 |

| 目标函数 | 是将决策变量用数学公式表达出来，一般有最大值、最小值和目标值3种结果 |

使用线性规划对人力资源进行优化配置前，需先建立一个数据模型，在对数据模型中的数据进行统计时，需要用到SUMPRODUCT函数，具体操作步骤如下。

步骤 01 设置基础表格。新建一个名为"人员优化配置表"工作表，在表格中输入生产部生产产品1、产品2、产品3三种产品时各岗位需求人数、每个岗位现有人数、最大用工量及每个产品的利润，并对表格格式进行设置，如下图所示。

各岗位\产品	产品1	产品2	产品3	现有人数	最大用工量
技术人员	7	3	9	9	25
操作员	3	1	4	5	12
检验员	2	2	3	4	10
利润（万元）	3.5	2	2.8	—	—

步骤 02 建立数据模型。根据表格中的数据创建数据模型，并对数据模型区域中的格式进行相应的设置，在E11单元格中输入公式"=SUMPRODUCT($B$18:$D$18,B11:D11)"，向下拖动鼠标至E14单元格，在E18单元格中输入公式"=E11"，效果如下图所示。

	人员最优配置模型					
	产品1 X1	产品2 X2	产品3 X3	合计	关系符号	最多人数
目标	3.5	2	2.8	0		
条件1	7	3	9	0	<=	25
条件2	3	1	4	0	<=	12
条件3	2	2	3	0	<=	10
条件4	>=0	>=0	>=0			
最优结果区域	X1	X2	X3	Z		
				0		

专家点拨 数据模型中，将产品1、产品2、产品3分别设为X1、X2、X3，表示决策变量；设总利润为Z，表示目标函数（目标函数为：MAXZ= 3.5X1+2X2+2.8X3）；条件1、条件2、条件3、条件4表示约束条件函数。

步骤 03 加载规划求解功能。打开【Excel选项】对话框，选择【加载项】选项卡，单击【转到】按钮，打开【加载项】对话框，选中【规划求解加载项】复选框，单击【确定】按钮，加载规划求解功能，如左下图所示。

步骤 04 设置规划求解参数。选择B20:F20单元格区域，单击【数据】选项卡【分析】组中的【规划求解】按钮，打开【规划求解参数】对话框，在【设置目标】文本框中输入"$E$11"，选中【最大值】单选按钮，在【通过更改可变单元格】文本框中输入"$B$18:$D$18"，单击【添加】按钮，如右下图所示。

步骤 05 添加约束条件。打开【添加约束】对话框，在【单元格引用】文本框中输入"$E$12"，保持默认的小于等于运算符，在【约束】文本框中输入"$G$12"，单击【添加】按钮，如左下图所示。

步骤 06 继续添加约束条件。以同样的方法添加其他几个约束条件，设置【单元格引用】为【$B$18:$D$18】时，单击比较运算符下拉按钮，在弹出的下拉列表中选择【>=】选项，在【约束】文本框中输入"0"，单击【确定】按钮，如右下图所示。

步骤 07 选择求解方法。返回【规划求解参数】对话框中，在【选择求解方法】下拉列表中选择【单纯线性规划】选项，单击【求解】按钮，如左下图所示。

步骤 08 打开【规划求解结果】对话框，单击【确定】按钮，如右下图所示。

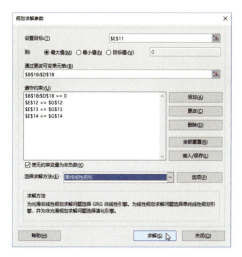

步骤 09 查看规划求解结果。计算出产品总利润和各岗位最小需求人数，效果如下图所示。

步骤 10 创建人员需求情况表。为了能更直观清晰地看到人员的需求情况，可以创建一个人员需求情况表，效果如左下图所示。

步骤 11 查看最终效果。在 B22 单元格中输入公式"=F2"，向下拖动鼠标至 B24 单元格，在 C22 单元格中输入公式"=E12"，向下拖动鼠标至 C24 单元格，在 D22 单元格中输入公式"=B22-C22"，向下拖动鼠标至 D24 单元格，在 B25 单元格中输入公式"=SUM(B22:B24)"，向下拖动鼠标至 D25 单元格，计算现有总人数和需要增加的人数，效果如右下图所示。

高手自测 19

某企业原本有 3 条生产线，2019 年将增加一条生产线，规定生产线员工工资总额不得超过 1800 万元，总人数不得超过 450 人，3 条生产线在同等时间下员工年平均工资、单位产量和现有人数如下表所示。新增的生产线单位产量为 0.7，员工年平均收入计划为 2.4 万元，当原有的 3 条生产线人员已达到饱和而不能再增加人员时，假如你是人力资源经理，如何保证 2019 年生产线员工的最优配置？

扫码看答案

生产线项目	生产线 1	生产线 2	生产线 3
年平均工资（万元）	3.5	4.6	6
单位产量	1	1.2	1.5
现有人数	120	200	116

高手神器 4：BDP——拖曳瞬间生成数据图表

BDP 是一款在线的数据分析工具，有各种数据模板可以套用，支持连接多种数据源，如 Excel 数据、网络中第三方平台数据、各类数据库中的数据等。将数据连入后，拖曳就能完成数据整合、处理和可视化分析，对于 HR 分析数据来说，非常实用。下图所示是使用 BDP 生成的图表。

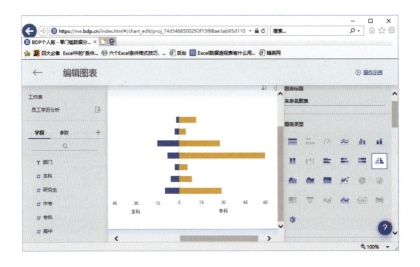

第 7 章

员工招聘，HR慧眼识人才

"招聘难"已成为当前企业招聘的一种现状，对于那些招聘需求量大、用人部门多的企业来说，更是如此。

现在处在一个数据爆炸，快速创新的时代，如果HR还像以前那样重复地发布招聘信息，不停地邀约面试，那样只会止步不前，甚至被企业淘汰。HR要想突破"招聘难"这种现状，就需要对招聘过程中产生的数据进行提炼、总结、分析，才能及时发现问题，不断得到优化，真正实现企业招聘效率的最大化。

请带着下面的问题走进本章

1 如何对招聘需求进行汇总？

2 招聘成本包括直接成本和间接成本，如何将招聘过程中的直接成本和间接成本汇总到一起？

3 向被录取的应聘者发送录用通知书时，需要一个一个地填写面试人员的姓名、岗位、报到时间等，非常麻烦，有什么方法可以批量实现？

4 对招聘成果进行分析时，需要从哪几个方面着手？

7.1 建立招聘数据，让招聘过程数据化

招聘是企业获取人才的主要途径，是招聘专员最基础的工作。招聘的质量直接影响着企业的发展，因此，招聘专员在执行招聘工作时，不仅需要做好招聘的基础工作，还需要管理好招聘数据，这样才能为改进招聘工作中遇到的问题和提升招聘效果提供重要的数据依据。

7.1.1 设计招聘需求汇总表

对招聘需求进行汇总，并不是根据部门提出的招聘需求来确定的，而是要根据年度招聘计划和部门提出的用人需求综合考虑。但招聘专员在设计招聘需求汇总表时，并不是只考虑这两个因素，还要多方面进行考虑，否则将影响对招聘成果的分析。

在设计招聘需求表时，需要考虑下图所示的几个因素。

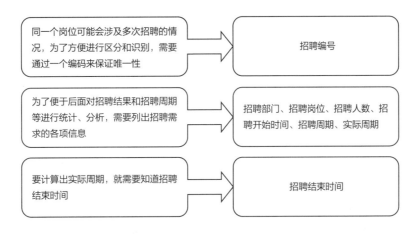

设计招聘需求汇总表的具体操作步骤如下。

步骤 01 设置"招聘编号"列验证条件。新建"招聘管理表"工作簿，将工作表命名为"招聘需求汇总表"，设计表格结构。为了统一输入的所有招聘编号拥有相同的位数，且保证输入的招聘编号都是唯一的，需要为"招聘编号"列设置数据验证条件，而且在设置验证允许条件时，只能通过公式来实现。打开【数据验证】对话框，将允许条件设置为【自定义】，在【公式】参数框中输入"=AND(LEN(A2)=10,COUNTIF($A$2:$A$100,A2)=1)"，如左下图所示。

步骤 02 设置出错警告。选择【出错警告】选项卡，对【错误信息】进行设置，单击【确定】按钮，如右下图所示。

 公式"=AND(LEN(A2)=10,COUNTIF($A$2:$A$100,A2)=1)"表示用 AND 函数判断在 A2:A100 单元格区域中输入的招聘编号必须满足招聘编号是 10 位数和在 A3:A100 单元格中输入的招聘编号不能等于 A2 单元格中输入的招聘编号这两个条件。

步骤 03 复制工作表。因为需要使用的辅助数据与已有的工作表结构和内容相同,通过复制工作表操作,可以将其复制到"招聘管理表"工作簿中,并且定义的名称也将一同复制,这样制作二级下拉菜单时就不用再定义名称。打开"员工信息管理表"工作簿,选择【序列数据】工作表,打开【移动或复制工作表】对话框,将【工作簿】设置为【招聘管理表.xlsx】,选中【建立副本】复选框,单击【确定】按钮,如左下图所示。

步骤 04 设置"招聘部门"列。在"招聘管理表"的"序列数据"工作表中删除 A 列和 B 列,选择【招聘需求汇总表】中的 B2:B100 单元格区域,在【数据验证】对话框中将【允许】条件的【来源】设置为【=部门名称】,并设置出错警告和关闭输入法模式,如右下图所示。

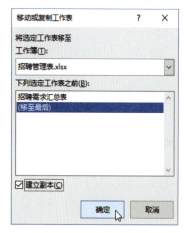

步骤 05　设置"招聘岗位"列。选择C2:C100单元格区域,在【数据验证】对话框中将【允许】条件的【来源】设置为【=INDIRECT(B2)】,并设置出错警告和关闭输入法模式,如左下图所示。

步骤 06　计算招聘拟结束时间。将E、G、H列单元格数字格式设置为【短日期】,在A列至F列中填入相应的数据,在G2单元格中输入公式"=E2+F2",按【Enter】键,然后向下拖动鼠标至G31单元格,如右下图所示。

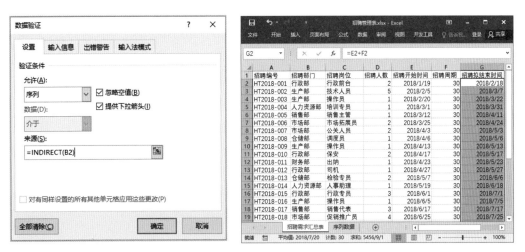

步骤 07　计算实际招聘周期。在H列输入实际结束时间,在H2单元格中输入公式"=IF(H2<>0,H2-E2,"")",向下拖动鼠标至H31单元格,然后对表格进行美化,最终效果如下图所示。

公式
"=IF(H2<>0,H2-E2,"")"
表示如果实际结束时间不为零值,那么返回实际结束时间——招聘开始时间的结果,否则返回为空白。

第7章　员工招聘,HR慧眼识人才　193

7.1.2 设计应聘人员信息表

招聘专员的工作成果并不只是简单地按时招聘到了需要的人才,而是需要提供数据支撑。因此,招聘专员需要做的工作并不只是发布招聘信息、筛选简历、通知面试、通知入职等基础工作,还需要做好招聘数据的统计,而"应聘人员信息表"则是记录招聘数据的数据源表格。

"应聘人员信息表"将为后面的招聘成果分析提供数据参考。因此,"应聘人员信息表"包含的信息必须全面,招聘专员在对"应聘人员信息表"进行设计时,不仅需要站在自身的角度进行考虑,还应从应聘者的角度来考虑。

下面将对"应聘人员信息表"进行设计,具体操作步骤如下。

步骤 01 设计表格结构。新建"应聘人员信息表"工作表,将各项目输入工作表 A1:P1 单元格区域中,如下图所示。

步骤 02 设置序列。对性别、学历、招聘渠道、招聘编号、是否参加初试、是否通过初试、是否参加复试、是否通过复试、未报到原因等通过数据有效性设置下拉菜单,并将出错警告设置为【请在下拉菜单中选择,不要手动输入】,关闭输入法模式。下表所示为设置的数据来源。

数据区域	数据来源
B2:B200	男,女
D2:D200	研究生,本科,专科,中专,高中
E2:E200	招聘网站1,招聘网站2,现场招聘,内部推荐
F2:F200	=OFFSET(招聘需求汇总表!$A$1,1,,COUNTA(招聘需求汇总表!$A:$A)-1,)
I2:I200、J2:J200、L2:L200、M2:M200	是
P2:P200	薪酬福利,职业发展,公司地理位置,工作时间,有更好的工作,其他

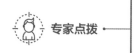

公式"=OFFSET(招聘需求汇总表!$A$1,1,,COUNTA(招聘需求汇总表!$A:$A)-1,)"表示以"招聘需求汇总表"中的A1单元格为参照,向下偏移1行,返回30行(是公式"COUNTA(招聘需求汇总表!$A:$A)-1)"部分的计算结果,表示计算A列中非空单元格中的值,减去1就是返回的行数),也就是返回A2:A31单元格区域中的值。

步骤 03 引用应聘岗位数据。在G2单元格中输入公式"=IFERROR(VLOOKUP(F2,招聘需求汇总表!$A:$C,3,0),"")",向下拖动鼠标至G200单元格,如下图所示。

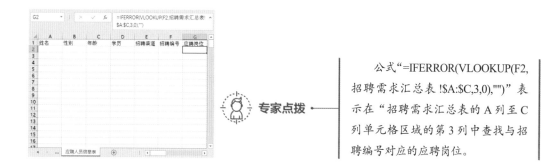

公式"=IFERROR(VLOOKUP(F2,招聘需求汇总表!$A:$C,3,0),"")"表示在"招聘需求汇总表"的A列至C列单元格区域的第3列中查找与招聘编号对应的应聘岗位。

步骤 04 输入数据,美化表格。在"应聘人员信息表"中输入选择数据,并对表格进行美化,最终效果如下图所示。

7.1.3 对招聘成本进行汇总

要对招聘成本进行汇总,就需要先细化招聘成本的构成。招聘成本分为招聘直接成本和招聘间接成本，如下图所示。

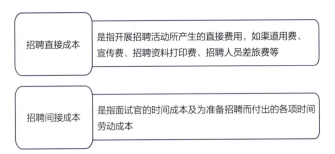

很多企业在对收集或统计分析招聘成本数据时，往往容易忽略招聘间接成本。实际上，招聘间接成本在实际招聘总成本中占有很大的比重。因此，在对招聘成本进行汇总时，要将招聘直接成本和招聘间接成本都纳入其中。

"招聘成本汇总表"是建立在招聘直接成本数据和招聘间接成本数据上的。因此，在设计表格时，需要设计出"招聘直接成本表""招聘间接成本表"和"招聘成本汇总表"3个表格，具体操作步骤如下。

步骤 01 设置"招聘渠道"列序列。新建"招聘直接成本表"，对表格的结构进行设计，设置B2:B100单元格区域的数据有效性，将序列【来源】设置为【招聘网站1,招聘网站2,现场招聘,内部推荐】，并设置出错警告和关闭输入法模式，如下图所示。

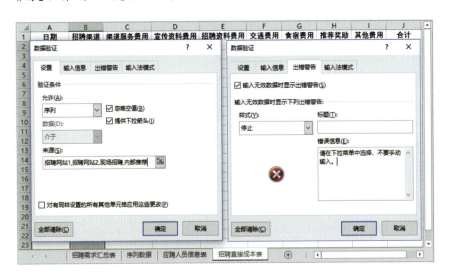

步骤 02 计算直接成本。在表格中输入各项目对应的费用，在J2单元格中输入公式"=SUM(C2:I2)"，向下拖动鼠标至J40单元格区域，并对表格格式进行设置，最终效果如下图所示。

[招聘直接成本表截图]

步骤 03 设置"招聘日期"列序列。新建"招聘间接成本表",输入表格项目,选择A2:A100单元格区域,设置数据验证的【允许】条件为【日期】,将【开始日期】设置为【2018/1/1】,【结束日期】设置为【2018/12/31】,将出错警告设置为【输入的日期必须在2018/1/1至2018/12/31之间。】,如左下图所示。

步骤 04 设置"招聘流程"列序列。将B2:B100单元格区域的数据验证【允许】条件设置为【序列】,将【来源】设置为【筛选简历,面试邀请,面试准备,面试】,并设置出错警告和关闭输入模式,如右下图所示。

步骤 05 计算小时工资和成本。在E2单元格中输入公式"=IF(C2="副总","80",IF(C2="经理","50","20"))",向下拖动鼠标至E76单元格,在F2单元格中输入公式"=ROUND(E2/60*D2,0)",向下拖动鼠标至F76单元格,并对表格的效果进行美化,最终效果如下图所示。

	A	B	C	D	E	F
1	日期	招聘流程	招聘涉及岗位	花费时间（分钟）	小时工资（元）	成本（元）
2	2018/1/22	筛选简历	招聘专员	30	20	10
3	2018/1/25	面试	经理	20	50	17
4	2018/2/14	面试	经理	10	50	8
5	2018/2/24	筛选简历	招聘专员	60	20	20
6	2018/2/25	面试邀请	招聘专员	20	20	7
7	2018/2/26	面试	经理	10	50	8
8	2018/2/27	面试邀请	招聘专员	20	20	7
9	2018/2/28	面试	经理	10	50	8
10	2018/3/6	筛选简历	招聘专员	40	20	13
11	2018/3/7	面试	经理	30	50	25
12	2018/3/8	面试	经理	30	50	25
13	2018/3/14	筛选简历	招聘专员	40	20	13
14	2018/3/14	面试邀请	招聘专员	10	20	3
15	2018/3/15	面试	经理	40	50	33
16	2018/3/25	面试	经理	20	50	17
17	2018/4/1	面试	经理	10	50	8
18	2018/4/7	面试	经理	10	50	8

专家点拨

公式"=IF(C2=" 副总 ","80",IF(C2=" 经理 ","50","20"))"表示如果招聘涉及的岗位是"副总"那么小时工资是"80"元；如果是"经理"，则小时工资是"50"元，如果是其他，则小时工资是"20"元。

公式"=ROUND(E2/60*D2,0)"中的 ROUND 函数按照指定的小数位数进行四舍五入，其语法结构为 ROUND(number,digits)，其中 number 表示要四舍五入的值，digits 表示小数点后要保留的位数。那么公式就表示先计算出招聘花费的人工成本，并对结果进行四舍五入，保留整数。

步骤 06 设置日期格式。新建"招聘成本汇总表"，在 A1:G1 单元格中输入各项目，选择 A2:A13 单元格区域，在【设置单元格格式】对话框中将数字格式设置为【yyyy/m】，单击【确定】按钮，如下图所示。

步骤 07 输入计算公式。在 A2:A13 单元格区域中输入年月，在单元格中分别输入公式，如下表所示。

单元格	公 式	操 作
B2	=SUMPRODUCT(招聘直接成本表!$J$2:$J$40*(招聘直接成本表!$B$2:$B$40=B$1)*(MONTH(招聘直接成本表!$A$2:$A$40)=MONTH($A2)))	向右拖动鼠标至E2单元格，向下拖动鼠标至E13单元格
F2	=SUMPRODUCT(招聘间接成本表!$F$2:$F$76*(MONTH(招聘间接成本表!$A$2:$A$76)=MONTH($A2)))	向下拖动鼠标至F13单元格
G2	=SUM(B2:F2)	向下拖动鼠标至G13单元格

步骤 08 完成招聘成本的汇总，最终效果如下图所示。

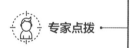

公式"=SUMPRODUCT(招聘直接成本表!$J$2:$J$40*(招聘直接成本表!$B$2:$B$40=B$1)*(MONTH(招聘直接成本表!$A$2:$A$40)=MONTH($A2)))"表示返回J2:J40单元格区域与同时满足B2:B40单元格区域等于"招聘网站1"、A2:A40单元格区域月份为"1月"的所有数值乘积的和。

7.1.4 对招聘数据进行汇总

招聘涉及的数据很多，招聘专员除了需要对一些比较基础的招聘数据进行记录、汇总外，还需要对招聘过程中各个环节的数据进行记录、汇总，如各岗位收到的简历数、HR初选简历数量、用人部门筛选简历数量、初试人数、初试通过人数、复试人数、复试通过人数、通知入职人数、实际报到人数等。这样在对招聘过程控制分析时，才能提供数据支撑。

在对招聘数据进行汇总时，很多数据都是通过"应聘人员信息表"得来的。具体操作步骤如下。

步骤 01　设置数据验证。新建"招聘数据汇总表",在A1:L1单元格区域中输入各项目,将【年月】列格式设置为【yyyy/m】,利用数据验证为【招聘编号】列设置下拉菜单,将【允许】条件的【来源】设置为【=OFFSET(招聘需求汇总表!$A$1,1,,COUNTA(招聘需求汇总表!$A:$A)-1,)】,如左下图所示,设置出错警告为【请在下拉菜单中选择,不要手动输入】,关闭输入法模式。

步骤 02　引用数据。由于在"应聘人员信息表"和"招聘需求汇总表"中列出了招聘日期和招聘岗位,因此可以直接通过公式查找引用相应的数据。在B列中选择输入编号,在A2单元格中输入公式"=IFERROR(VLOOKUP(B2,应聘人员信息表!$F:$H,3,0),"")",向下拖动鼠标至A48单元格,在C2单元格中输入公式"=IFERROR(VLOOKUP(B2,招聘需求汇总表!$A:$C,3,0),"")",向下拖动鼠标至C48单元格,如右下图所示。

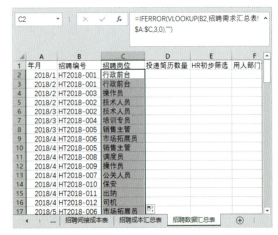

步骤 03　输入数据和公式。由于"应聘人员信息表"中并没有列出投递简历数量、HR初步筛选和用人部门筛选等数据,因此需要手动输入。而初试人数、初试通过人数、复试人数、复试通过人数、通知入职人数、实际报到人数等这些数据可以通过公式计算出来,不需要手动输入。输入的公式如下表所示。

单元格	公式	操作
G2	=SUMPRODUCT((应聘人员信息表!$F$2:$F$158=$B2)*(YEAR(应聘人员信息表!$H$2:$H$158)=YEAR($A2))*(MONTH(应聘人员信息表!$H$2:$H$158)=MONTH($A2))*(应聘人员信息表!$I$2:$I$158="是"))	向下拖动鼠标至G48单元格
H2	=SUMPRODUCT((应聘人员信息表!$F$2:$F$158=$B2)*(YEAR(应聘人员信息表!$H$2:$H$158)=YEAR($A2))*(MONTH(应聘人员信息表!$H$2:$H$158)=MONTH($A2))*(应聘人员信息表!$J$2:$J$158="是"))	向下拖动鼠标至H48单元格

续表

单元格	公 式	操 作
I2	=SUMPRODUCT((应聘人员信息表 !$F$2:$F$158=$B2)*(YEAR(应聘人员信息表 !$K$2:$K$158)=YEAR($A2))*(MONTH(应聘人员信息表 !$K$2:$K$158)=MONTH($A2))*(应聘人员信息表 !$L$2:$L$158=" 是 "))	向下拖动鼠标至 I48 单元格
J2	=SUMPRODUCT((应聘人员信息表 !$F$2:$F$158=$B2)*(YEAR(应聘人员信息表 !$K$2:$K$158)=YEAR($A2))*(MONTH(应聘人员信息表 !$K$2:$K$158)=MONTH($A2))*(应聘人员信息表 !$M$2:$M$158=" 是 "))	向下拖动鼠标至 J48 单元格
K2	=SUMPRODUCT((应聘人员信息表 !$F$2:$F$158=$B2)*(YEAR(应聘人员信息表 !$N$2:$N$158)=YEAR($A2))*(MONTH(应聘人员信息表 !$N$2:$N$158)=MONTH($A2)))	向下拖动鼠标至 K48 单元格
L2	=SUMPRODUCT((应聘人员信息表 !$F$2:$F$158=$B2)*(YEAR(应聘人员信息表 !$O$2:$O$158)=YEAR($A2))*(MONTH(应聘人员信息表 !$O$2:$O$158)=MONTH($A2)))	向下拖动鼠标至 L48 单元格

 专家点拨

公式"=SUMPRODUCT((应聘人员信息表 !$F$2:$F$158=$B2)*(YEAR(应聘人员信息表 !$H$2:$H$158)=YEAR($A2))*(MONTH(应聘人员信息表 !$H$2:$H$158)=MONTH($A2))*(应聘人员信息表 !$I$2:$I$158=" 是 "))"表示员工编号要等于B2单元格中的招聘编号、初试时间年份要等于A2单元格中的年份、月份要等于A2单元格中的月份、参加初试的人数等区域乘积的和。

步骤 04 美化表格。对表格进行美化，最终效果如下图所示。

7.1.5 利用电子邮件合并发送录用通知书

录用通知书也就是人们常说的 OFFER，是企业向合格的应聘者提供的一种合作意向。一般来说，应聘者面试成功后并确认要到企业入职后，企业会通过两种方式发送 OFFER。一种是通过短信发送，另一种是发送邮件，但不管通过哪种方式发送，最后都会进行电话确认。

当通过电子邮件进行通知，且发送的人数较多时，为了提高工作效率，可以通过 Excel 并结合 Word 的邮件合并功能来批量完成。具体操作步骤如下。

HT 用品有限公司录用通知书

尊敬的_____：

您好！很高兴通知您，您应聘本公司_____职位，依据本公司录用规定现通知您予以录取。

一、报到时间：_____ 上午 9:00

报到地点：湖南省长沙市远航路 159 号 HT 用品有限公司人力资源部

二、入职时必须携带相关资料

（一）第一最高学历毕业证、学位证原件及复印件 2 份；

（二）身份证原件及复印件 1 份（将正反面复印在一张纸上）；

（三）最后一家工作单位的离职证明/已解除劳动合同关系的书面证明；

（四）一寸免冠白底彩色近照 3 张；

（五）正规医院 1 个月内的《员工入职体检报告》原件。

三、合同期限：根据公司规定，合同期限 1 年，试用期 1 个月。

四、薪资待遇：试用期薪资总额，税前_____元/月

转正薪资总额，税前_____元/月

五、福利：按公司福利政策执行（含有社会保险等）。

备注：

到规定日期未报到的，视为放弃本次工作机会，本通知书将自动失效。有特殊情况，请提前联系。本通知书并不表示双方劳动合同关系的确认，双方劳动合同关系的建立以及具体的权利义务最终将以我司与您签订的劳动合同为准。

衷心期待您加入我们大家庭，祝您在我司的事业取得成功！

人力资源部

步骤 01 创建主文档。启动 Word 软件，新建一个名为"录用通知书"文档，在文档中输入内容，效果如右图所示。

步骤 02 编辑整理数据源。如果在进行邮件合并时，要使用已经创建好的数据源，那么在执行邮件合并之前，就需要先整理好数据源。在"招聘数据表"工作簿中新建"录用通知书信息表"，根据"应聘人员信息表"中的数据整理 3 月面试通过的人员信息，最终效果如下图所示。

	A	B	C	D	E	F	G	H	I	J
1	姓名	先生/女士	所在部门	岗位	试用期	试用期工资	转正后工资	报到时间	通知时间	邮箱
2	杨欣	女士	行政部	行政前台	1	2800	3500	2018/3/1	2018/2/27	123456xin@qq.com
3	王志	先生	生产部	技术人员	1	3000	3800	2018/3/1	2018/2/28	123456zhi@qq.com
4	程亮	先生	生产部	技术人员	1	3000	3800	2018/3/1	2018/2/28	123456liang@qq.com
5	李月梅	女士	行政部	行政前台	1	2800	3500	2018/3/5	2018/3/1	123456mei@qq.com
6	何峰	女士	生产部	技术人员	1	3000	3800	2018/3/9	2018/3/8	123456feng@qq.com
7	张陈刚	先生	生产部	技术人员	1	3000	3800	2018/3/9	2018/3/8	123456gang@qq.com
8	赵加农	先生	生产部	技术人员	1	3000	3800	2018/3/10	2018/3/9	123456nong@qq.com
9	南辛	女士	人力资源部	培训专员	1	3500	4000	2018/3/18	2018/3/16	123456xin@qq.com

步骤 03　使用现有数据源。在"录用通知书"Word文档中单击【邮件】选项卡【开始邮件合并】组中的【选择收件人】选项，在弹出的下拉菜单中选择【使用现有列表】选项，如左下图所示。

步骤 04　选择数据源。打开【选取数据源】对话框，选择【招聘管理表】选项，单击【打开】按钮，如右下图所示。

 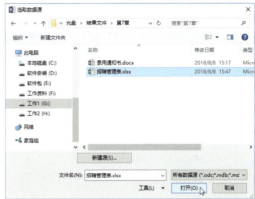

步骤 05　选择要作为数据源的工作表。由于数据源工作簿中有多张工作表，因此，需要选择使用哪张工作表中的数据来作为数据源。打开【选择表格】对话框，选择【录用通知书信息表$】选项，单击【确定】按钮，如左下图所示。

步骤 06　插入合并域。插入合并域的目的就是将合并域与Excel数据源表格中的字段关联起来。将鼠标光标定位到【尊敬的】文本后，单击【编写和插入域】组中的【插入合并域】下拉按钮，在弹出的下拉列表中选择【姓名】选项，如右下图所示。

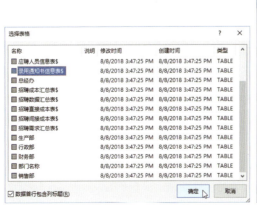 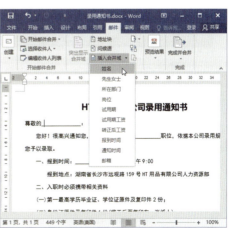

步骤 07　插入其他合并域。依次在 Word 文档中需要填写的内容处插入对应的合并域，效果如左下图所示。

步骤 08　查看合并域效果。单击【预览结果】按钮，可对插入的合并域效果进行查看，发现日期的年月日顺序颠倒，在日期合并域上右击，在弹出的快捷菜单中选择【切换域代码】命令，如右下图所示。

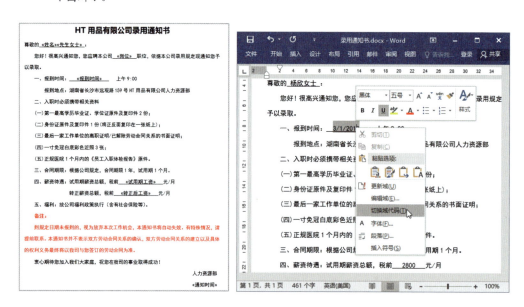

步骤 09　编辑日期代码。此时将显示合并域的代码，在报到时间和通知时间代码后面输入"\@YYYY 年 M 月 D 日"，如左下图所示。

步骤 10　查看效果。单击两次【预览结果】按钮，可再次对效果进行预览，效果如右下图所示。

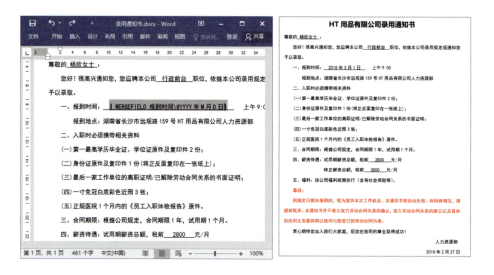

步骤 11 选择合并方式。单击【完成】组中的【完成并合并】按钮，在弹出的下拉列表中选择【发送电子邮件】选项，如左下图所示。

步骤 12 设置合并邮件选项和发送记录。打开【合并到电子邮件】对话框，在【收件人】下拉列表框中选择【邮箱】选项，在【主题行】文本框中输入邮件主题"HT用品公司录用通知书"，单击【确定】按钮，如右下图所示。将自动启动 Outlook 2016 程序，并自动向关联的邮件地址发送邮件。

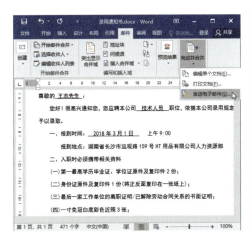 

 高手自测 20

利用 Word 批量发送面试通知时，能不能在发送电子邮件前对文档中关联的姓名、应聘职位等进行查看？

扫码看答案

7.2 分析招聘指标，让招聘成果可视化

招聘已日益成为一场数据化的战争，HR 要想快速完成招聘任务，仅追踪数据和"指标差"是不够的，需要缜密的数据分析作为后盾。

招聘过程中产生的数据很多，HR 在对招聘数据进行分析时不要盲目，需要抓住招聘数据分析的重点，从持续改进的角度来看，可以从下图所示的 5 个方面对招聘成果进行分析。

除此之外，还需要应用很多招聘指标，我们必须掌握这些指标的计算方法，才能快速分析出结果。下表所示为招聘数据统计与分析时涉及的招聘指标及计算方法。

招聘结果分析	招聘计划的完成情况：是否在要求到岗时间内完成招聘工作
招聘周期分析	分析不同类岗位、不同职务级别的平均招聘周期，可以为未来招聘活动争取更合理的招聘时间
招聘费用分析	招聘费用的投入和产出情况，可以结合招聘的人数进行分析
招聘各环节的转化率分析	也就是对招聘整个过程的分析，即从简历收取到邀约人数、面试人数、录用人数之间的比率
招聘渠道分析	对招聘渠道进行分析对比，分析哪个招聘渠道效果更好

指　标	计算方法
招聘计划完成率	实际报到人数 / 计划招聘人数
人均招聘成本	总招聘成本 / 实际报到人数
平均招聘周期	总招聘时间 / 总招聘人数
简历初选通过率	人力资源部初选合格简历数 / 收到的简历总数
有效简历率	部门选择合格通知面试的人数 /HR 初选合格简历数
初试通过率	初试通过人数 / 面试总人数
复试通过率	复试通过人数 / 初试通过人数
录用率	实际录用人数 / 面试总人数
报到率	实际报到人数 / 发出录用通知人数
招聘渠道分布	不同招聘渠道录用的人数占录用总人数的比率
招聘转正率	转正人数 / 入职人数
招聘离职率	离职人数 / 入职人数

7.2.1 对招聘结果进行统计分析

招聘结果数据包括计划招聘人数和实际报到人数两方面，它直接反映了招聘工作的完成情况，是检验招聘专员招聘绩效的关键性指标。

对招聘结果的分析就是对招聘计划完成率进行分析，其计算公式为

招聘计划完成率 = 实际报到人数 / 计划招聘人数

招聘工作是长期性的,在对招聘结果进行统计分析时,不能以天为单位进行统计,可以月为单位进行统计分析。具体操作步骤如下。

步骤 01 设计表格。新建"招聘结果统计分析表",在 A2:A4 和 B1:M1 单元格区域中输入各个项目,并对表格进行美化,效果如下图所示。

步骤 02 输入计算公式。在 B2 单元格中输入公式"=SUMPRODUCT((MONTH(招聘需求汇总表 !$G$2:$G$29)=--LEFT(B$1,FIND(" 月 ",B$1)-1))* 招聘需求汇总表 !$D$2:$D$29)",向右拖动鼠标至 M2 单元格,在 B3 单元格中输入公式"=SUMPRODUCT((MONTH(招聘数据汇总表 !$A$2:$A$48)=--LEFT(B$1,FIND(" 月 ",B$1)-1))* 招聘数据汇总表 !$L$2:$L$48)",向右拖动鼠标至 M3 单元格,在 B4 单元格中输入公式"=IFERROR(B3/B2,"")",向右拖动鼠标至 M4 单元格,效果如下图所示。

公式"SUMPRODUCT((MONTH(招聘需求汇总表 !$G$2:$G$29)=--LEFT(B$1,FIND(" 月 ",B$1)-1))* 招聘需求汇总表 !$D$2:$D$29)"表示先用 FIND 函数查找"月"在 B1 单元格中第一次出现的位置(为 2)减去 1,结果为 1,然后 MONTH 函数返回的月份要与用 LEFT 函数提取的数值格式数字相同,最后用 SUMPRODUCT 函数返回两个数组乘积的和。

步骤 03 选择图表。选择 A1:M3 单元格区域,单击【图表】组中的【插入折线图和面积图】按钮,在弹出的下拉菜单中选择【折线图】命令,如左下图所示。

步骤 04 美化图表。调整图表大小和位置,为图表应用【样式 4】,输入标题"招聘结果分析",效果如右下图所示。

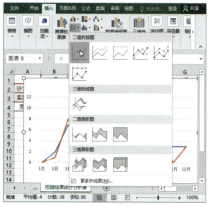
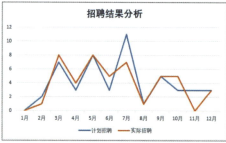

步骤 **05** 为了能直观看出实际完成率与规定完成率之间的差距,可以添加辅助数据,以便图表更直观。先在B5:M5单元格区域中输入辅助数据"100%",选择A1:M1和A4:M5单元格区域中的数据,插入折线图,如下图所示。

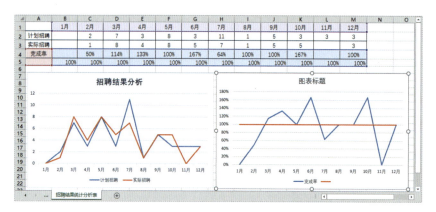

步骤 **06** 编辑图表图例项。将输入的辅助数据字体颜色设置为【白色】,这样在表格中就看不到,但图表中会显示辅助系列。删除图例,将图表标题更改为【完成率】,选择图表,单击【选择数据源】按钮,将【图例项(系列)】列表框中的【完成率】移动到【空白系列】下方,单击【确定】按钮,如左下图所示。图表中完成率数据系列将启动到最前方,效果如右下图所示。

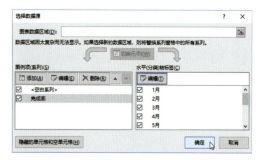
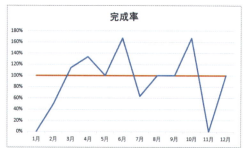

步骤 07 设置辅助数据系列线条粗细。选择辅助数据系列,在【图表工具-格式】选项卡【形状样式】组中的【形状轮廓】下拉菜单中选择【粗细】命令,在弹出的联级菜单中选择【1磅】命令,如左下图所示。

步骤 08 设置辅助数据系列线条类型。继续在【形状轮廓】下拉菜单中选择【虚线】命令,在弹出的联级菜单中选择【长划线】命令,如右下图所示。

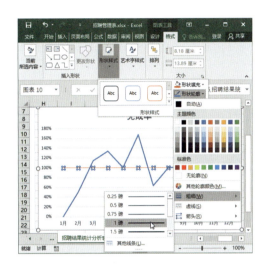
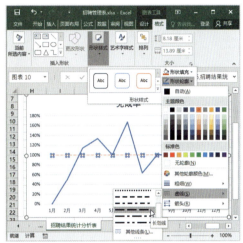

步骤 09 将折线更改为平滑线。为【完成率】数据系列添加数据标签,打开【设置数据系列格式】任务窗格,展开【线条】选项,选中【平滑线】复选框,原来的折线将变成平滑线,效果如下图所示。

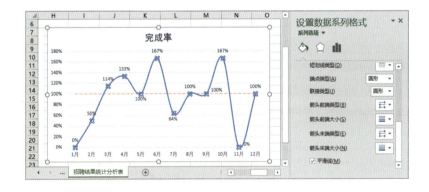

7.2.2 对招聘周期进行统计分析

招聘周期是招聘成果分析的一个必要指标。一般来说,企业主要是通过分析不同岗位类别、不同职位级别的招聘周期和平均招聘周期进行分析的,这样才能为未来的招聘活动争取更加合理的招聘时间。

对各部门中各个岗位的招聘周期进行分析时，如果利用图表进行分析，需要先统计出各个岗位的招聘周期和平均招聘周期，这样非常麻烦，因此利用数据透视表/图来进行分析，不用计算就能快速汇总出来。具体操作步骤如下。

步骤 01 创建数据透视表。新建一个"招聘周期统计分析"表，选择【招聘需求汇总表】中的A1:I28单元格区域，单击【数据透视表】按钮，打开【创建数据透视表】对话框，选中【现有工作表】单选按钮，设置数据透视表放置位置为【招聘周期统计分析表!$A$1】，单击【确定】按钮，如左下图所示。

步骤 02 拖出汇总表。将【招聘部门】字段拖动到【筛选器】列表框中，将【招聘岗位】字段拖动到【行】列表框中，将【招聘周期】和【实际周期】字段拖动到【值】列表框中，效果如右下图所示。

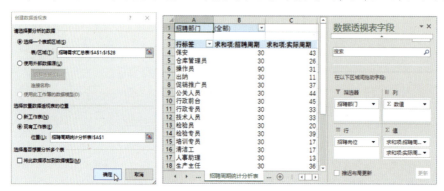

步骤 03 对值字段进行设置。在【值】列表框中的第1个字段上右击，在弹出的下拉菜单中选择【值字段设置】命令，打开【值字段设置】对话框，在【计算类型】列表框中选择【平均值】选项，将【自定义名称】设置为【平均计划招聘周期】，单击【确定】按钮，如左下图所示。

步骤 04 执行插入切片器操作。使用相同的方法对【值】列表框中的第2个字段的值进行设置。如果数据透视表中显示太多数据，数据透视图展示出来的结果将显示得不直观，这时就需要插入切片器，让数据透视表只显示与指定部门对应的岗位招聘周期数据。单击【插入切片器】按钮，如右下图所示。

步骤 05 选择切片器字段。打开【插入切片器】对话框,选中【招聘部门】复选框,单击【确定】按钮,如左下图所示。

步骤 06 查看切片器效果。插入切片器,单击【数据透视图】按钮,如右下图所示。

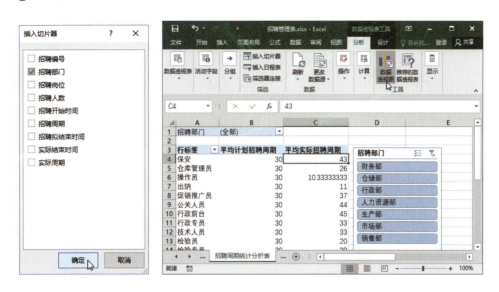

步骤 07 插入数据透视图。插入簇状柱形图,删除图表中的【招聘部门】字段,将标题设置为【招聘周期分析】,选择切片器中某个部门,如选择【财务部】,数据透视表和数据透视图中将只显示财务部相关岗位的平均计划招聘周期和平均实际招聘周期,效果如下图所示。

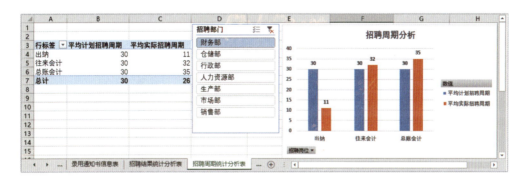

7.2.3 对招聘整个过程进行统计分析

对招聘整个过程进行统计分析主要是为了对招聘的各个环节进行把控,有助于招聘效果的提升,而且在下次招聘时,可以根据这次的招聘情况对招聘工作中遇到的问题进行改善,以提高招聘效率。

招聘过程的分析首先是根据简历筛选通过率、初试通过率、复试通过率、录用率、报到率等各个指标来进行分析的,其次是对未报到原因进行分析,为后面的工作改善提供数据依据。具体操作步骤如下。

步骤 01 设计表格结构。新建"招聘过程统计分析"表,对表格进行设计,效果如下图所示。

步骤 02 输入各招聘指标计算公式。简历筛选通过率、初试通过率、复试通过率、录用率、报到率等指标都可以通过"招聘数据汇总表"中的数据计算得出,所以只需要在单元格中输入相应的计算公式即可。输入的公式如下表所示,并向右拖动鼠标至 M 列。

单元格	公式
B2	=IFERROR(SUMPRODUCT((MONTH(招聘数据汇总表 !$A$2:$A$48)=--SUBSTITUTE(B$1," 月 ",""))* 招聘数据汇总表 !$E$2:$E$48)/SUMPRODUCT ((MONTH(招聘数据汇总表 !$A$2:$A$48)=--SUBSTITUTE(B$1," 月 ",""))* 招聘数据汇总表 !$D$2:$D$48),)
B3	=IFERROR(SUMPRODUCT((MONTH(招聘数据汇总表 !$A$2:$A$48)=--SUBSTITUTE(B$1," 月 ",""))* 招聘数据汇总表 !$F$2:$F$48)/SUMPRODUCT ((MONTH(招聘数据汇总表 !$A$2:$A$48)=--SUBSTITUTE(B$1," 月 ",""))* 招聘数据汇总表 !$E$2:$E$48),)
B4	=IFERROR(SUMPRODUCT((MONTH(招聘数据汇总表 !$A$2:$A$48)=--SUBSTITUTE(B$1," 月 ",""))* 招聘数据汇总表 !$H$2:$H$48)/SUMPRODUCT ((MONTH(招聘数据汇总表 !$A$2:$A$48)=--SUBSTITUTE(B$1," 月 ",""))* 招聘数据汇总表 !$G$2:$G$48),)
B5	=IFERROR(SUMPRODUCT((MONTH(招聘数据汇总表 !$A$2:$A$48)=--SUBSTITUTE(B$1," 月 ",""))* 招聘数据汇总表 !$J$2:$J$48)/SUMPRODUCT ((MONTH(招聘数据汇总表 !$A$2:$A$48)=--SUBSTITUTE(B$1," 月 ",""))* 招聘数据汇总表 !$H$2:$H$48),)
B6	=IFERROR(SUMPRODUCT((MONTH(招聘数据汇总表 !$A$2:$A$48)=--SUBSTITUTE(B$1," 月 ",""))* 招聘数据汇总表 !$K$2:$K$48)/SUMPRODUCT ((MONTH(招聘数据汇总表 !$A$2:$A$48)=--SUBSTITUTE(B$1," 月 ",""))* 招聘数据汇总表 !$G$2:$G$48),)
B7	=IFERROR(SUMPRODUCT((MONTH(招聘数据汇总表 !$A$2:$A$48)=--SUBSTITUTE(B$1," 月 ",""))* 招聘数据汇总表 !$L$2:$L$48)/SUMPRODUCT ((MONTH(招聘数据汇总表 !$A$2:$A$48)=--SUBSTITUTE(B$1," 月 ",""))* 招聘数据汇总表 !$K$2:$K$48),)

专家点拨

SUBSTITUTE 函数用于将字符串中的部分字符以新字符串替换，相当于 Excel 的查找和替换功能，其语法结构为：SUBSTITUTE(text,old_text,new_text, [instance_num])，也可以简单理解为 SUBSTITUTE(文本 , 旧文本 , 新文本 , 从第几位开始替换)。如果指定了 instance_num，则只有满足要求的 old_text 被替换；如果忽略，则将用 new_text 替换 TEXT 中出现的所有 old_text。

本例中的公式"=IFERROR(SUMPRODUCT((MONTH(招聘数据汇总表 !$A$2:$A$48)=--SUBSTITUTE(B$1," 月 ",""))* 招聘数据汇总表 !$E$2:$E$48)/SUMPRODUCT((MONTH(招聘数据汇总表 !$A$2:$A$48)=--SUBSTITUTE(B$1," 月 ",""))* 招聘数据汇总表 !$D$2:$D$48),)"表示用统计出的每月 HR 初步简历筛选数量除以统计出的每月投递简历数量，就能得出 HR 初选简历通过率。

步骤 03 设置数据格式。取消显示零值，将 B2:M7 单元格区域中的数据格式设置带两位数的百分比格式，效果如下图所示。

	A	B	C	D	E	F	G	H	I	J	K	L	M
1		1月	2月	3月	4月	5月	6月	7月	8月	9月	10月	11月	12月
2	HR初选简历通过率	60.00%	69.23%	73.53%	62.26%	59.57%	62.50%	66.00%	60.00%	64.41%	62.50%	75.00%	55.56%
3	用人部门初选简历通过率	66.67%	50.00%	56.00%	57.58%	64.29%	53.33%	75.76%	33.33%	65.79%	60.00%	33.33%	60.00%
4	初试通过率	50.00%	77.78%	90.00%	77.78%	76.47%	75.00%	84.21%	50.00%	86.36%	87.50%		90.91%
5	复试通过率		71.43%	66.67%	57.14%	76.92%	66.67%	50.00%	100.00%	47.37%	71.43%		50.00%
6	录用率		11.11%	100.00%	33.33%	70.59%	43.75%	57.89%	50.00%	31.82%	87.50%		45.45%
7	报到率		100.00%	80.00%	66.67%	66.67%	71.43%	63.64%	100.00%	71.43%			60.00%

步骤 04 综合各种因素考虑，对招聘过程的转化率进行分析时，使用折线图最佳，但表格中的图例项有 6 个，导致折线图缠绕在一起，并不直观，如下图所示。因此，本例对招聘过程进行分析时，将使用组合框控件来控制，使折线图动态展示，并且将每个图例项拆分为一个折线图，这样更直观。

步骤 05 插入组合框控件。在 A9 单元格中输入参照的行数"1",单击【开发工具】选项卡【控件】组中的【插入】按钮,在弹出的下拉列表中选择【表单控件】栏中的【组合框】选项,如左下图所示。

步骤 06 设置组合框控件格式。拖动鼠标在 A18 单元格上绘制一个组合框,在其上右击,在弹出的快捷菜单中选择【设置控件格式】命令,打开【设置控件格式】对话框,对【数据源区域】【单元格链接】和【下拉显示项数】进行设置,单击【确定】按钮,如右下图所示。

步骤 07 新建"招聘指标"名称。单击组合框控件下拉按钮,在弹出的下拉列表框中显示 A2:A7 单元格区域中的图例项,其作用和数据验证中的允许下拉菜单相同,选择 A9 单元格,单击【定义的名称】按钮,打开【新建名称】对话框,在【名称】文本框中将自动显示【招聘指标】,在【引用位置】单元格中输入公式"=OFFSET(招聘过程统计分析 !$A$1, 招聘过程统计分析 !$A$9,0)",单击【确定】按钮,如下图所示。

步骤 08 新建"数据"名称。再新建一个【数据】名称,将【引用位置】设置为【=OFFSET(招聘过程统计分析 !$A$1, 招聘过程统计分析 !$A$9,1,1,12)】,选择 A1:M7 单元格区域,创建折线图,如下图所示。

> **专家点拨**
>
> 公式"=OFFSET(招聘过程统计分析!$A$1,招聘过程统计分析!$A$9, 1,1,12)"表示以B2单元格为参照系，相对于B2单元格向右偏移1列，向下偏移1行，返回12列。

步骤 09 编辑图表图例项。选择图表，打开【选择数据源】对话框，在【图例项(系列)】列表框中只保留【HR初选简历通过率】选项，选中该复选框，单击【编辑】按钮，如左下图所示。

步骤 10 编辑图表数据系列。打开【编辑数据系列】对话框，在【系列名称】参数框中输入"=招聘过程统计分析!招聘指标"，在【系列值】参数框中输入"=招聘过程统计分析!数据"，单击【确定】按钮，如右下图所示。

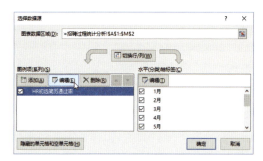 

步骤 11 设置坐标轴选项。为图表应用【样式12】，颜色方案应用【彩色颜色3】，删除图表中的图例，在【设置坐标轴格式】任务窗格中将【最大值】设置为【1.0】，按【Enter】键确认，将自动更改坐标轴单位大小，效果如下图所示。

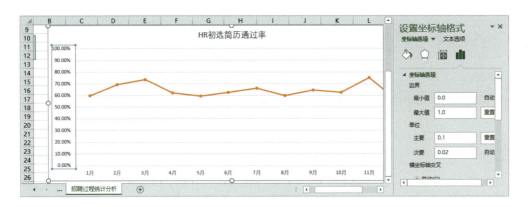

步骤 ⓬ 查看动态图表效果。将A9单元格中的字体设置为【白色】，加粗显示图表中的文字，添加数据标签，完成动态图表的制作，在组合框下拉列表中选择相应的选项，可查看招聘指标每月的转化率，效果如下图所示。

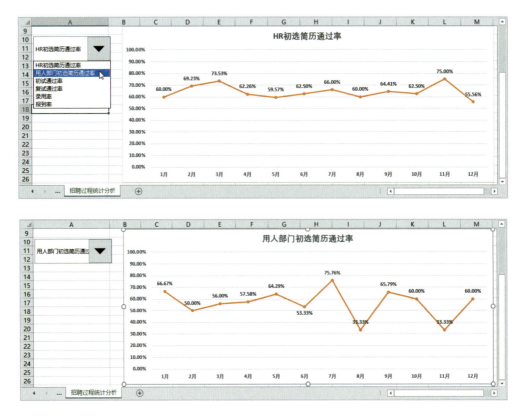

步骤 ⓭ 设计"未报到原因统计表"区域。在"招聘过程统计分析"表中的A28:N35单元格区域中对"未报到原因统计表"进行设计，效果如下图所示。

	A	B	C	D	E	F	G	H	I	J	K	L	M	N
28						未报到原因统计表								
29		1月	2月	3月	4月	5月	6月	7月	8月	9月	10月	11月	12月	合计
30	薪酬福利													
31	职业发展													
32	公司地理位置													
33	工作时间													
34	有更好的工作													
35	其他													

步骤 14 计算每月未报到原因的人数。在 B30 单元格中输入公式 "=SUMPRODUCT((应聘人员信息表 !$P$2:$P$158=$A30)*(MONTH(应聘人员信息表 !$N$2:$N$158)=--SUBSTITUTE(B$29," 月 ",""))) "，向右拖动鼠标至 M30 单元格，向下拖动鼠标至 M35 单元格，在 N30 单元格中输入公式 "=SUM(B30:M30)"，向下拖动鼠标至 M35 单元格，效果如下图所示。

	A	B	C	D	E	F	G	H	I	J	K	L	M	N
28						未报到原因统计表								
29		1月	2月	3月	4月	5月	6月	7月	8月	9月	10月	11月	12月	合计
30	薪酬福利						2				1		1	4
31	职业发展			1			1		1		1		1	5
32	公司地理位置							1			1			2
33	工作时间				1	1		1		1				4
34	有更好的工作						1	1		1				3
35	其他					1	1							2

步骤 15 使用饼图分析未报到原因所占的比例。选择 A30:A35 和 N30:N35 单元格区域，插入饼图，删除饼图中的图例，将标题更改为"未报到原因所占比例"，再为图表添加最佳匹配的数据标签，效果如左下图所示。

步骤 16 设置美化饼图。选择数据标签，打开【设置数据标签格式】任务窗格，在【标签选项】中取消选中【值】复选框，选中【类别名称】和【百分比】复选框，显示未报到原因所占的比例，完成未报到原因的统计与分析，效果如右下图所示。

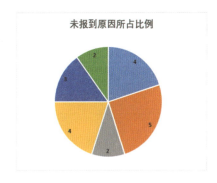
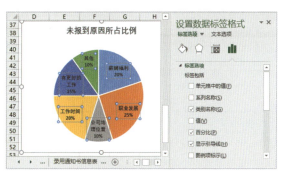

7.2.4 对招聘费用进行统计分析

仅看招聘成本汇总结果,并不能说明招聘费用的投入及产出情况,可以结合年度的招聘费用预算,从招聘费用支出情况来对招聘各项费用进行对比分析,以及各项招聘费用的占比,具体操作步骤如下。

步骤 01 设计表格结构。在"招聘管理表"工作簿中新建"招聘费用统计分析表",并对表格的结构和格式进行设计,效果如下图所示。

	A	B	C	D	E	F	G	H	I	J	K	L	M
1		1月	2月	3月	4月	5月	6月	7月	8月	9月	10月	11月	12月
2	渠道服务费用												
3	宣传资料费用												
4	招聘资料费用												
5	交通费用												
6	食宿费用												
7	推荐奖励												
8	其他费用												
9	招聘费用支出												
10	预算费用												
11	月累计费用												
12	月累计完成比例												

步骤 02 输入计算公式。在单元格中分别输入计算公式,公式如下表所示。

单元格	公式	操作
B2	=SUMPRODUCT((MONTH(招聘直接成本表!$A$2:$A$40)=--SUBSTITUTE(B$1,"月",""))*OFFSET(招聘直接成本表!$B$2:$B$40,,MATCH($A2,招聘直接成本表!$C$1:$J$1,0))))	向右拖动鼠标至 M2 单元格,向下拖动鼠标至 M8 单元格
B9	=SUM(B2:B8)	向右拖动鼠标至 M9 单元格
B11	=B9	
C11	=B11+C9	向右拖动鼠标至 M11 单元格
B12	=B11/SUM($B$10:$M$10)	向右拖动鼠标至 M12 单元格

步骤 03 输入并设置数据。在【预算费用】行中输入预算的招聘费用,并将【月累计完成比例】行设置为带两位小数的百分比数字格式,效果如下图所示。

	A	B	C	D	E	F	G	H	I	J	K	L	M
1		1月	2月	3月	4月	5月	6月	7月	8月	9月	10月	11月	12月
2	渠道服务费用	1500	1000	1500	1300	1700	1000	1500	1000	1500	1000	1000	1000
3	宣传资料费用	100			100	80	200		100		100		
4	招聘资料费用	50		30	30	110			50		60		
5	交通费用	100		50			80		100		100		
6	食宿费用												
7	推荐奖励		400				400	200			400		
8	其他费用									150			
9	招聘费用支出	1750	1400	1680	1410	2490	1200	1750	1000	1910	1400	1000	1000
10	预算费用	2000	2000	3000	2500	3000	2000	2500	2000	2000	2000	2000	2000
11	月累计费用	1750	3150	4830	6240	8730	9930	11680	12680	14590	15990	16990	17990
12	月累计完成比例	6.48%	11.67%	17.89%	23.11%	32.33%	36.78%	43.26%	46.96%	54.04%	59.22%	62.93%	66.63%

步骤 04 绘制滚动条窗体控件。如果要使用图表动态展示一年中某几个月的招聘支出费用，那么使用组合框控件并不能实现，需要使用滚动条控件来控制显示的月份。在表格中绘制两个滚动条窗体控件，分别设置两个滚动条控件的格式，格式设置如下图所示。

步骤 05 插入和设置分组框和标签控件。再绘制两个分组框和标签窗体控件，将分组框控件的文本分别更改为【起始月份】和【月份跨度】，并对控件进行组合，在B14单元格中输入公式"=A14&"月""，B15单元格中输入公式"=A15&"个月""，选择第1个标签控件，在编辑栏中输入公式"=$B$14"，选择第2个标签控件，在编辑栏中输入公式"=$B$15"，效果如下图所示。

	A	B	C	D	E	F	G	H	I
8	其他费用								
9	招聘费用支出	1750	1400	1680	1410	2490	1200	1750	1000
10	预算费用	2000	2000	3000	2500	3000	2000	2500	2000
11	月累计费用	1750	3150	4830	6240	8730	9930	11680	12680
12	月累计完成比例	6.48%	11.67%	17.89%	23.11%	32.33%	36.78%	43.26%	46.96%
13									
14	1	1月		起始月份			月份跨度		
15	4	4个月				1月			4个月

步骤 06 定义名称。定义4个名称，名称和引用位置如下图所示。

步骤 07 插入推荐的图表。选择A1:E1、A9:E10和A12:E12单元格区域，打开【插入图表】对话框，在【推荐的图表】选项卡中选择【簇状柱形图】选项，单击【确定】按钮，如下图所示。

步骤 08 设置数据系列和轴标签。打开【编辑数据系列】对话框，编辑第1个图例项，将【系列值】更改为【招聘费用统计分析表!招聘费用支出】，单击【确定】按钮，继续将另外两个图例项的系列值更改为【招聘费用统计分析表!预算费用】和【招聘费用统计分析表!月累计完成比例】，然后对轴标签进行编辑，将【轴标签区域】设置为【招聘费用统计分析表!水平轴标签】，单击【确定】按钮，如右下图所示。

步骤 09 设置坐标轴格式。因为主要纵坐标轴和次要纵坐标轴的标签选项数目不能设置一样，添加网格线就会导致左侧坐标轴标签不对称，这时可以取消网格线，添加坐标轴刻度线进行区分。将图表标题更改为【招聘支出费用对比图】，为图表添加数据标签，取消图表网格线，选择主要纵坐标轴，在【设置坐标轴格式】任务窗格中将坐标轴的刻度线的主要类型设置为【外部】，如左下图所示。

步骤 ⑩ 设置坐标轴刻度颜色。切换到【填充与线条】选项卡,将纵坐标轴的刻度线颜色设置为【黑色】,效果如右下图所示。

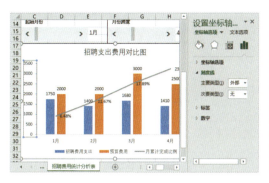 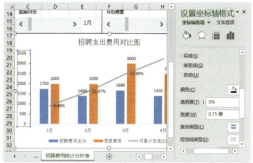

步骤 ⑪ 设置坐标轴格式。对次要纵坐标轴和横坐标轴的格式进行设置,效果如左下图所示。

步骤 ⑫ 查看图表效果。单击滚动条右侧的按钮后,标签控件中的月份将发生变化,图表中展示的数据也将随月份的变化而变化,效果如右下图所示。

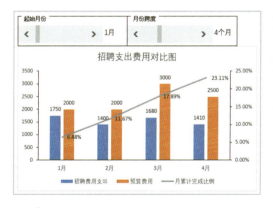 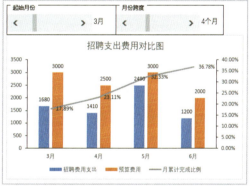

步骤 ⑬ 建立辅助表格。要对某一段时间内的各项招聘费用进行分析,需要先建立辅助表格,计算出这段时间内各项招聘费用的总和。复制A2:A8单元格区域,粘贴到A17:A23单元格区域中,在B17单元格中输入公式"=IF(SUM(OFFSET($A2,,$A$14,,$A$15)),SUM(OFFSET($A2,,$A$14,,$A$15)),#N/A)",向下拖动鼠标至B23单元格区域中,计算出各项招聘费用前4个月的总和,如左下图所示。

步骤 ⑭ 插入饼图分析各项招聘费用。选择A17:B23单元格区域,插入饼图,将饼图标题更改为【各项招聘费用所占比例】,为图表添加数据标签,将标签选项设置为【类别名称】【百分比】,效果如右下图所示。

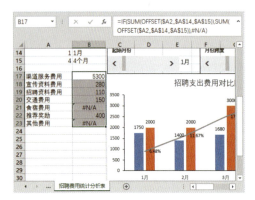
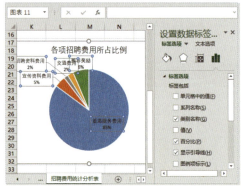

公式"=IF(SUM(OFFSET($A2,,$A$14,,$A$15)),SUM(OFFSET($A2,,$A$14,,$A$15)),#N/A)"表示以求A2单元格为参照物,向右偏移5列(A14单元格中的数据表示偏移的列数),返回4列(A15单元格中的数据表示偏移的行数)数据的单元格区域的和,并用IF函数返回满足条件的值,满足就返回求和值,不满足则返回错误值#N/A。

步骤 15 查看动态展示效果。当标签控件中的起始月份发生变化后,两个图表都将随之发生变化,效果如下图所示。

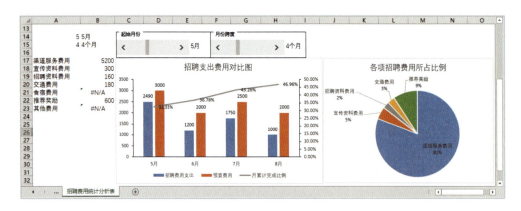

7.2.5 对招聘渠道进行统计分析

对招聘渠道进行统计分析,主要是统计不同渠道投入的招聘费用和产出(有效简历数、到岗人数、人均招聘成本)之间的比值,分析出选用的招聘渠道是否有效,哪种招聘渠道效果更好等。具体操作步骤如下。

步骤 01 设计表格结构。新建"招聘渠道统计分析表",设计表格结构,并输入各渠道收到的简历数量,效果如下图所示。

	A	B	C	D	E	F	G	H	I	J
1	招聘渠道	收到的简历数	有效简历数	简历转化率	录用人数	实际到岗人数	渠道占比	招聘费用	费用比例	人均费用
2	招聘网站1	145								
3	招聘网站2	108								
4	现场招聘	139								
5	内部推荐	8								

步骤 02 输入计算公式。在单元格中分别输入公式进行计算,公式如下表所示。

单元格	公式	操作
C2	=SUMPRODUCT((应聘人员信息表 !$E$2:$E$158=A2)*(应聘人员信息表 !$I$2: $I$158=0))+SUMPRODUCT((应聘人员信息表 !$E$2:$E$158=A2)*(应聘人员信息表 !$I$2:$I$158=" 是 "))	向下拖动鼠标至 C5 单元格
D2	=C2/B2	向下拖动鼠标至 D5 单元格
E2	=COUNTIFS(应聘人员信息表 !$E$2:$E$158,A2, 应聘人员信息表 !$N$2:$N$158,">0")	向下拖动鼠标至 E5 单元格
F2	=COUNTIFS(应聘人员信息表 !$E$2:$E$158,A2, 应聘人员信息表 !$O$2:$O$158,">0")	向下拖动鼠标至 F5 单元格
G2	=F2/SUM($F$2:$F$5)	向下拖动鼠标至 G5 单元格
H2	=SUM(招聘成本汇总表 !$B$2:$B$13)	向下拖动鼠标至 H5 单元格
I2	=H2/SUM($H$2:$H$5)	向下拖动鼠标至 I5 单元格
J2	=H2/F2	向下拖动鼠标至 J5 单元格

步骤 03 查看计算结果。计算结果如下图所示。

	A	B	C	D	E	F	G	H	I	J
1	招聘渠道	收到的简历数	有效简历数	简历转化率	录用人数	实际到岗人数	渠道占比	招聘费用	费用比例	人均费用
2	招聘网站1	145	52	36%	22	15	32%	¥7,200.00	40%	¥480.00
3	招聘网站2	108	38	35%	13	10	21%	¥4,800.00	27%	¥480.00
4	现场招聘	139	59	42%	25	17	36%	¥4,590.00	26%	¥270.00
5	内部推荐	8	8	100%	7	5	11%	¥1,400.00	8%	¥280.00

步骤 04 插入组合图分析数据。选择 A1:D5 单元格区域,插入推荐的"簇状柱形图 + 折线图"组合图,

步骤 05　插入饼图分析数据。选择 A1:A5 和 G1:G5 单元格区域，插入饼图，将图表标题更改为"各渠道实际招聘人数占比分析"，并对图表的效果进行设置，如右下图所示。

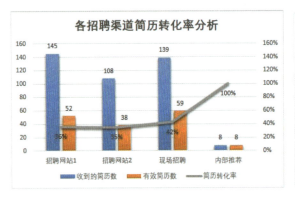

步骤 06　插入图表分析其他数据。使用簇状柱形图分析各招聘渠道的人均招聘成本，使用饼图分析各招聘渠道招聘费用所占比例，最终效果如下图所示。

高手自测 21

如果在汇总招聘需求后，需要根据招聘需求预算招聘费用，那么应该怎样进行预算？

扫码看答案

高手神器 5：招聘 H5——移动互联网的招聘神器

招聘 H5 是现下比较流行的一种招聘方式，与传统招聘形式相比，招聘 H5 的页面较多，传递的信息量更大，可以在微信朋友圈、微博等流行的社交网络中以动态的形式进行展示，受到很多企业和个人的青睐。

在移动端，H5 页面是招聘的最好形式，不仅能招聘到需要的人才，还能展示企业风采、员工活动等，对企业形象和品牌进行宣传，可谓是一举两得。

招聘 H5 看起来很高大上，但是制作过程并不难。在移动端和网页中有很多 H5 页面制作工具，如易企秀、人人秀、MAKA、初页等，只需要在相应的 APP 或网页中下载 H5 招聘页面模板，然后对模板中的内容进行修改，就能快速制作出别具一格的 H5 招聘页面。如下图所示为使用易企秀 APP 在移动端制作的 H5 招聘页面。

第 8 章

8

员工培训——解决企业后顾之忧

  培训是现代企业人力资源管理中的一个重要环节,既是增强企业竞争力的有效途径,也是激励员工工作积极性的重要措施。企业要想在日益激烈的竞争中立于不败之地,就必须重视对员工的培训,并加强企业的培训管理。

  对于企业来说,培训做好了是一件双赢的事情,不仅可以帮助员工实现自我价值,促进员工的工作效率,还可以提高员工的综合能力、提升企业的核心竞争力。但要做好培训只按照培训计划实施是不够的,还需要 HR 对培训数据进行建立和分析,以便对培训效果进行评估,及时改进培训过程中的不足,为下一次培训的修正提供数据依据。

请带着下面的问题走进本章

1. 在制订年度培训计划时，需要考虑哪些因素？

2. 对培训情况进行分析时，需要通过哪些指标来分析培训的过程？

3. 通过哪种方式可以按不同的考核结果查看各部门的考核情况？

8.1 建立培训数据，实现量化管理

培训是一项系统化的工作，培训专员不仅需要对培训需求进行调查，做好培训前的准备工作，还需要建立培训的各项数据，如年度计划实施情况、培训班情况、培训成本及培训考核结果等，为后期培训的各项指标分析提供数据支撑。

8.1.1 员工培训需求调查表

在做培训管理时，并不是只要有员工或部门提出培训申请，就安排后续的培训工作。员工是否需要进行培训是根据企业的培训计划和培训需求调查结果确定的。其中，培训需求调查可以通过多种方式实现，而培训需求调查表是最直接，也是最真实的调查方式。

使用培训需求调查表对培训需求进行调查时，需要 HR 先制作培训需求调查表，然后让员工对培训需求调查表中的问题进行回复或选择。在制作培训需求调查表中的问题和答案时，一般会用到"单选按钮"和"复选框"控件。当问题只能选择一个答案时，用"单选按钮"控件；当一个问题可以选择多个答案时，用"复选框"控件。培训需求调查表之所以要用到控件，是因为它通过企业网站后台上传到企业网站后，员工只需在网页中单击就能选择问题的答案，而且如果打印出来，填写也非常方便。

在 Excel 中，控件又分为窗体控件和 ActiveX 控件两类。窗体控件只能在工作表中使用，通过设置控件格式和指定宏来使用，而 ActiveX 控件不仅可以在工作表中使用，还可以在 VBE 编辑器用户窗体中使用，同时还可以对控件的属性，如字体、字号等进行设置。相对于窗体控件，ActiveX 控件更灵活，但其操作方法基本类似。下面将使用窗体控件制作培训需求问卷调查表，具体操作步骤如下。

步骤 01 选择窗体控件。新建一个"培训管理表"工作簿，将"Sheet1"工作表重命名为"员工培训需求调查表"，在工作表中输入相应的内容，并对格式进行设置，单击【控件】组中的【插入】按钮，在弹出的下拉列表中选择【选项按钮(窗体控件)】选项，如左下图所示。

步骤 02 绘制窗体控件。拖动鼠标在 A9 单元格中绘制窗体控件，选择控件中的文本，将其更改为"非常重要"，在窗体控件上右击，选择窗体控件，按【Shift+Ctrl】组合键，水平向右拖动鼠标复制窗体控件，如右下图所示。

步骤 03 更改控件中的文本。选择控件中的文本，将其更改为需要的文本，使用相同的方法制作第 1 个问题的选择答案。在制作单选按钮窗体控件时，如果不小心选中了单选按钮，需要在单选按钮上右击，在弹出的快捷菜单中选择【设置控件格式】命令，如左下图所示。

步骤 04 取消控件的选中状态。打开【设置控件格式】对话框，在【控制】选项卡中选中【未选择】单选按钮，单击【确定】按钮，即可取消单选按钮的选中状态，如右下图所示。

步骤 05 对齐多个控件。在 A10 单元格中输入第 2 个问题，在问题下方拖动鼠标绘制复选框窗体控件，并输入相应的文字，选中同一列中的单选按钮和复选框窗体控件，单击【格式】选项卡【排列】组中的【对齐】按钮，在弹出的下拉列表中选择【左对齐】命令，如左下图所示。

步骤 06 绘制与编辑直线。让单选按钮和复选框左边对齐，在【形状】下拉列表中选择【直线】选项，按【Shift】键，拖动鼠标在表格相应位置绘制一条直线，并为直线应用样式，如右下图所示。

步骤 07 继续制作第二部分、第三部分和第四部分的调查问题和答案，当问题可以选择多个答案时，就用复选框窗体控件；当问题只有一个答案时，就用单选按钮窗体控件，制作的最终效果如下图所示。

8.1.2 年度培训计划统计表

年度培训计划是基于各部门提出的培训需求、培训需求调查结果和年度企业经营目标3个方面来制订的，它是做好培训工作的前提条件。而年度培训计划统计表用于对年度培训计划完成情况进行统计，是基于年度培训计划表修改而来的。因此，在设计年度培训计划统计表之前，需要先设计好年度培训计划表。

另外，对于制订的年度培训计划，并不是每项培训都能按照培训计划进行，中途可能会因为各种原因导致培训时间的变化、培训内容的变化等，这都是正常的。当培训计划发生变化时，培训专员只需在统计培训情况时做好标注即可，具体操作步骤如下。

步骤 01 设计表格。新建"年度培训计划表"，输入培训计划内容，并对表格格式进行设置，效果如下图所示。

步骤 02 是否取消培训。复制"年度培训计划表"，将其命名为"年度培训计划统计表"，对表格的格式进行修改，在L2单元格中输入公式"=IF(AND(J2<>"",K2<>""),"","是")"，向下拖动鼠标至L21单元格，效果如下图所示。

步骤 03　设置条件格式规则。为了区分培训内容实际实施月份与计划实施月份的不同,可以通过设置条件格式来突出显示。打开【新建格式规则】对话框,设置【选择规则类型】为【使用公式确定要设置格式的单元格】,在【编辑规则说明】选项区域输入公式"=$J2<>$K2",设置底纹填充格式为【蓝色】,单击【确定】按钮,如左下图所示。

步骤 04　设置条件格式应用范围。打开【条件格式规则管理器】对话框,将条件格式应用范围设置为【$A$2:$L$21】,单击【确定】按钮,如右下图所示。

步骤 05　查看效果。即可按设置的条件格式突出显示实际实施月份与计划实施月份不相同的行,效果如下图所示。

8.1.3 培训班汇总表

年度培训计划统计表只是根据年度培训计划表统计出完成或未完成的培训计划，但培训过程中的一些数据无法体现。例如，具体的培训时间、培训课时、参加培训的具体人数、培训讲师费用等，就需要通过培训班汇总表来统计培训相关数据。但HR在设计培训班汇总表时，需要注意一个问题：一个培训内容可能在一年中多次出现。所以，为了保证培训班次的唯一性，需要使用具有唯一性的培训编号进行区分，而培训班则可以按培训内容进行划分，具体操作步骤如下。

步骤 01 设计表格结构。新建"培训班汇总表"，并对表格的结构进行设计，效果如下图所示。

步骤 02 设置"培训编号"序列。选择A2:A50单元格区域（假设每年培训不超过50班次），打开【数据验证】对话框，设置【允许】条件为【自定义】，在【公式】文本框中输入"=AND(LEN(A2)=11,COUNTIF($A:$A,A2)=1)"，如左下图所示。

步骤 03 设置出错警告。选择【出错警告】选项卡，将【错误信息】设置为【请检查培训编号是不是11位数，是否是唯一的！】，单击【确定】按钮，如右下图所示。

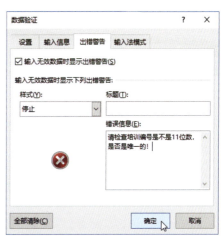

步骤 04 输入公式。在以下单元格中分别输入公式和操作，如下表所示。

单元格	公 式	操 作
B2	=IF(年度培训计划统计表 !L2="", 年度培训计划统计表 !B2,"")	向下拖动鼠标至 B19 单元格
D2	=VLOOKUP($B2, 年度培训计划统计表 !$B$1:$K$21,2,0)	向下拖动鼠标至 D19 单元格
E2	=VLOOKUP($B2, 年度培训计划统计表 !$B$1:$K$21,3,0)	向下拖动鼠标至 E19 单元格
F2	=VLOOKUP($B2, 年度培训计划统计表 !$B$1:$K$21,4,0)	向下拖动鼠标至 F19 单元格
G2	=VLOOKUP($B2, 年度培训计划统计表 !$B$1:$K$21,7,0)	向下拖动鼠标至 G19 单元格
J2	=VLOOKUP($B2, 年度培训计划统计表 !$B$1:$K$21,8,0)	向下拖动鼠标至 J19 单元格

步骤 05 删除多余的空白行，在其余的空白列中输入需要的数据，对表格格式进行设置，并按培训时间进行升序排列，最终效果如下图所示。

J2 =VLOOKUP($B2,年度培训计划统计表!$B$1:$K$21,8,0)

	A	B	C	D	E	F	G	H	I	J	K	L
1	培训编号	培训班名称	培训时间	培训类型	培训形式	牵头部门	培训讲师	计划培训人数	实际培训人数	考核方式	培训学时	培训讲师费用
2	HT-2019-001	产品检验标准	2019/1/15	内训	现场示范	生产部	生产部主任	16	14	实操	2	300
3	HT-2019-002	公关危机处理技巧	2019/1/27	内训	课堂讲授	市场部	外聘	7	7	笔试	1	800
4	HT-2019-003	产品基本知识与原理	2019/2/3	内训	现场示范	生产部	生产部经理	17	14	实操+笔试	2	300
5	HT-2019-004	销售沟通与抱怨处理	2019/2/10	内训	课堂讲授	销售部	外聘	28	25	培训体会	3	1500
6	HT-2019-005	营销策划与创新	2019/2/15	内训	课堂讲授	市场部	外聘	13	10	笔试	2	1200
7	HT-2019-006	建账做账（内外账）	2019/2/20	内训	课堂讲授	财务部	财务部经理	5	5	实操	1	150
8	HT-2019-007	招聘与面谈技巧	2019/3/7	内训	课堂讲授	人力资源部	人力资源部经理	5	4	实操	1	150
9	HT-2019-008	货物摆放的艺术	2019/4/13	内训	现场示范	仓储部	仓储部经理	6	5	实操	4	600
10	HT-2019-009	ERP成本模块结算	2019/5/7	内训	课堂讲授	财务部	财务部经理	5	4	实操	3	450
11	HT-2019-010	社交礼仪	2019/6/18	内训	课堂讲授	行政部	行政部经理	9	9	实操+笔试	5	750
12	HT-2019-011	营销策划与创新	2019/6/21	内训	课堂讲授	市场部	外聘	13	12	笔试	1	1000
13	HT-2019-012	团队合作与工作管理	2019/7/24	内训	课堂讲授	销售部	销售部经理	14	11	培训体会	2	300
14	HT-2019-013	基础单据常见问题处理	2019/8/9	内训	课堂讲授	财务部	财务部经理	5	4	实操	2	300
15	HT-2019-014	销售沟通与抱怨处理	2019/9/12	内训	课堂讲授	销售部	外聘	28	16	培训体会	1	600
16	HT-2019-015	消费者行为研究	2019/10/17	内训	课堂讲授	市场部	市场部经理	12	9	培训总结	1	150
17	HT-2019-016	产品检验标准	2019/11/20	内训	现场示范	生产部	生产部主任	3	3	实操	4	300
18	HT-2019-017	标杆模仿与整合再造	2018/12/1	外训	培训讲座	总经办	外聘	4	3	培训总结	5	5000
19	HT-2019-018	生产技术革新	2018/12/19	外训	现场观摩	生产部	外聘	7	7	培训体会	3	3000

员工培训需求调查表 | 年度培训计划表 | 年度培训计划统计表 | 培训班汇总表

8.1.4 培训成本表

培训对于企业来说，是一种长期的投资行为，需要花费大量的培训成本。培训成本分为直接成本和间接成本两种。直接成本，是指企业为员工培训直接付出的各项费用，包括场地租赁费、培训设备、相关培训辅助材料费、课程费用、讲师津贴和报酬支付费用、外部机构培训费用、外派培训交通费用、食宿费用、培训组织和管理人员薪酬支付费用等；间接成本，是指员工由于参加培训没有进行本职工作而企业仍然要付出的薪酬成本等，具体内容如下表所示。

直接成本	培训讲师费（内部或外聘）
	场地租赁费
	培训设备、相关培训辅助材料费
	培训课程制作费、培训教材费、资料费
	为参加培训所支出的交通费、餐费、住宿费等
间接成本	培训学员的工资及福利（根据离岗时间计算）
	培训组织者及辅助员工的工资及福利
	因联系培训有关事宜而产生的电话费、交通费等
	培训课程设计所花费的所有费用，包括工资支出、资料费等

因为后期对培训费用进行统计分析时，需要用到培训成本表，所以在设计培训成本表时，需要结合培训费用统计表进行考虑，主要考虑因素如下。

（1）对培训费用进行统计时，需要按发生时间对培训直接成本和间接成本进行统计，所以培训成本表中需包括发生日期和成本分类。另外，各个成本分类中又包含多个项目类别，为了方便区分每一笔培训费用，还需要将培训成本的项目明细列出来。

（2）一年中培训的次数很多，如果要区分每一次培训涉及的费用，可以通过培训编号来进行区分，因为培训编号是唯一的。

（3）由于每一种成本分类下包含多个项目类别，因此可以通过设置二级下拉菜单来实行联动选择输入。

综上所述，培训成本表中的字段包括培训编号、成本分类、项目明细、发生日期和金额等，具体操作步骤如下。

步骤 01 根据选择的区域创建名称。新建"培训成本表"，在第 1 行和第 2 行中输入直接成本和间接成本的项目明细，选择非空白单元格，单击【根据所选内容创建名称】按钮，打开【以选定区域创建名称】对话框，选中【最左列】复选框，单击【确定】按钮，如下图所示。

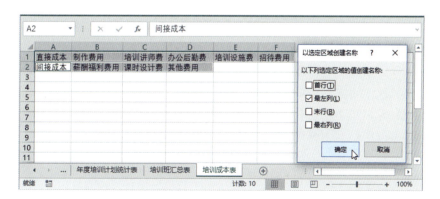

步骤 02 设置"培训编号"列数据验证。在 A3:E3 单元格区域中输入表格字段，选择 A4:A300 单元格区域，打开【数据验证】对话框，将【允许】设置为【序列】、【来源】设置为【=OFFSET(培训班汇总表!$A$1,1,,COUNTA(培训班汇总表!$A:$A)-1,)】，再设置【出错警告】为【请在下拉菜单中选择，不要手动输入】，并关闭输入法模式，如左下图所示。

步骤 03 设置"成本分类"列数据验证。选择 B4:B300 单元格区域，打开【数据验证】对话框，将【允许】设置为【序列】、【来源】设置为【=$A$1:$A$2】，再设置出错警告信息和关闭输入法模式，如右下图所示。

> **专家点拨**
>
> 公式"=OFFSET(培训班汇总表!$A$1,1,,COUNTA(培训班汇总表!$A:$A)-1,)"表示使用 COUNTA 函数统计非 A 列中的非空白单元格，其结果作为 OFFSET 函数第 4 个参数的某一部分。公式的整体含义表示以 A1 单元格作为参照物，向下偏移一行，返回 18 行，也就是返回 A2:A19 单元格区域中的培训编号。

步骤 04 设置"项目明细"列数据验证。选择 C4:C300 单元格区域，打开【数据验证】对话框，将【允许】设置为【序列】、【来源】设置为【=INDIRECT(B4)】，再设置出错警告信息和关闭输入法模式，效果如左下图所示。

步骤 05 通过公式引用数据。在 A4:C73 单元格中输入需要的数据，如果发生日期与培训班汇总表中的培训时间相同，那么可直接在 D4 单元格中输入公式"=VLOOKUP(A4,培训班汇总表!$A$1:$L$19,3,0)"，并向下拖动鼠标至 E73 单元格。在 E 列单元格中输入金额，并对表格格式进行设置，最终效果如右下图所示。

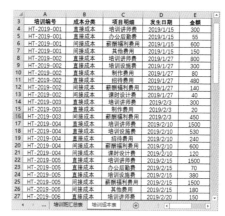

8.1.5 员工培训考核表

每次对员工进行培训后,都会对员工的培训情况进行考核,以检验培训的成果。HR 在对员工培训考核表进行设计时需要注意,如员工编号、姓名、部门等都可以根据在职人员信息表引用而来;具体操作步骤如下。

步骤 01 设置"培训编号"列数据验证。新建"培训考核表",输入表格字段,选择 D2:D200 单元格区域,打开【数据验证】对话框,将【允许】设置为【序列】、【来源】设置为【=OFFSET(培训班汇总表 !$A$1,1,,COUNTA(培训班汇总表 !$A:$A)-1,)】,再设置【出错警告】为【请在下拉菜单中选择,不要手动输入】,并关闭输入法模式,如下图所示。

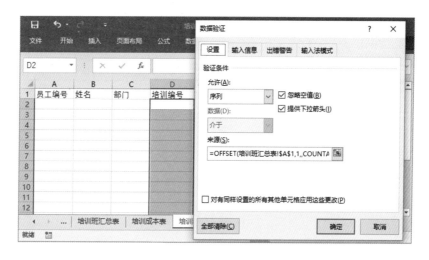

步骤 02 输入计算公式。在以下单元格中分别输入公式和操作,如下表所示。

单元格	公　式	操　作
B2	=IFERROR(VLOOKUP($A2,[在职人员信息表.xlsx]Sheet1!$A$1:$D$85,COLUMN(),0),"")	向右拖动鼠标至 C2 单元格，再向下拖动鼠标至 C200 单元格
E2	=IFERROR(VLOOKUP(D2,培训班汇总表!$A$1:$B$19,2,0),"")	向下拖动鼠标至 E200 单元格
G2	=IF(F2="","",LOOKUP(F2,{0,60,75,85},{"不合格","合格","良好","优秀"}))	向下拖动鼠标至 G200 单元格

专家点拨　　公式"=IF(F2="","",LOOKUP(F2,{0,60,75,85},{"不合格","合格","良好","优秀"}))"表示：如果 F2 单元格为空，则返回空白格，如果 F2 单元格中的值在 0~60，则返回"不合格"，在 60~75 则返回"合格"，在 75~85 则返回"良好"，在 85 以上则返回"优秀"。

步骤 03　输入表格数据。在表格中输入员工编号、培训编号和考核成绩后，将自动显示出姓名、部门、培训班名称及考核结果，对表格效果进行设置，最终效果如下图所示。

	A	B	C	D	E	F	G
1	员工编号	姓名	部门	培训编号	培训班名称	考核成绩	考核结果
2	HT0010	张李骞	生产部	HT-2019-001	产品检验标准	65	合格
3	HT0017	李丽	生产部	HT-2019-001	产品检验标准	69	合格
4	HT0029	余加	生产部	HT-2019-001	产品检验标准	80	良好
5	HT0032	吴文茜	生产部	HT-2019-001	产品检验标准	58	不合格
6	HT0045	余佳	生产部	HT-2019-001	产品检验标准	86	优秀
7	HT0049	蒋德	生产部	HT-2019-001	产品检验标准	69	合格
8	HT0072	李涛	生产部	HT-2019-001	产品检验标准	74	合格
9	HT0076	李霖	生产部	HT-2019-001	产品检验标准	90	优秀
10	HT0080	胡文国	生产部	HT-2019-001	产品检验标准	72	合格
11	HT0084	简风	生产部	HT-2019-001	产品检验标准	85	优秀
12	HT0085	王晓	生产部	HT-2019-001	产品检验标准	51	不合格
13	HT0098	陈科	生产部	HT-2019-001	产品检验标准	77	良好
14	HT0100	袁冬林	生产部	HT-2019-001	产品检验标准	73	合格
15	HT0102	陈飞	生产部	HT-2019-001	产品检验标准	68	合格
16	HT0012	陈丹	市场部	HT-2019-002	公关危机处理技巧	54	不合格
17	HT0042	封醒	市场部	HT-2019-002	公关危机处理技巧	94	优秀

高手自测 22

下图所示为新员工入职考核表，怎样判断该员工的成绩是否达标？

扫码看答案

编号	姓名	企业概括	规章制度	电脑技能	公司业务	产品知识	是否达标
KS1001	何晓思	59	85	63	85	65	
KS1002	岳霖	56	74	87	65	77	
KS1003	程欢	53	46	60	47	80	
KS1004	岳婷婷	48	71	69	47	65	
KS1005	向思峰	64	95	90	85	66	
KS1006	苟晨贺	92	77	53	67	49	
KS1007	范峰	97	41	43	86	80	
KS1008	李可	96	83	91	79	60	
KS1009	陈瑶	52	46	67	42	81	
KS1010	王悦	80	59	64	55	97	
KS1011	刘芳	51	67	64	64	51	
KS1012	何瑶瑶	87	46	40	71	44	
KS1013	王智	85	52	77	89	84	

新员工入职考核表

8.2 分析培训情况，让培训过程直观化

培训成效如何，是否有质的提升，这就需要对培训工作进行分析总结。一般来说，分析的内容包括培训计划与实施情况、培训投入与产出等几方面。

8.2.1 对培训班次情况进行统计分析

对培训班次的情况进行统计，主要是对年度内、季度内各部门每月计划培训次数和实际培训次数进行统计，以及对年度内各部门总的计划培训次数和实际培训次数进行统计。

如果各部门每月计划培训次数和实际培训次数与总的计划培训次数和实际培训次数在同一个表格中，不仅不利于查看，还不便于使用图表进行分析。因此可以将各部门年度内总的计划培训次数和实际培训次数通过公式单独提取出来，具体操作步骤如下。

步骤 01 设计表格结构。新建"培训班次情况统计表"。对表格结构和格式进行设计，效果如下图所示。

部门	项目	1月	2月	3月	4月	5月	6月	7月	8月	9月	10月	11月	12月	合计
生产部	计划培训次数													
生产部	实际培训次数													
市场部	计划培训次数													
市场部	实际培训次数													
销售部	计划培训次数													
销售部	实际培训次数													
总经办	计划培训次数													
总经办	实际培训次数													
行政部	计划培训次数													
行政部	实际培训次数													
人力资源部	计划培训次数													
人力资源部	实际培训次数													
财务部	计划培训次数													
财务部	实际培训次数													
仓储部	计划培训次数													
仓储部	实际培训次数													

年度培训计划表 | 年度培训计划统计表 | 培训班汇总表 | 培训成本表 | 培训考核表 | 培训班次情况统计表

专家点拨 表格 A 列中的部门不能进行单元格合并，当遇到连续的单元格是相同部门时，也不能只在一个单元格中输入部门，这样会对后面的计算造成影响，导致计算不出或计算出错。

步骤 02 输入计算公式。在以下单元格中分别输入公式和操作，如下表所示。

单元格	公 式	操 作
C2	=COUNTIFS(年度培训计划统计表!$E$2:$E$21,$A2,年度培训计划统计表!$J$2:$J$21,C$1)	向右拖动鼠标至 N2 单元格
C3	=COUNTIFS(年度培训计划统计表!$E$2:$E$21,$A2,年度培训计划统计表!$K$2:$K$21,C$1)	向右拖动鼠标至 N3 单元格
O2	=SUM(C2:N2)	向下拖动鼠标至 O17 单元格

步骤 03 复制公式。选择 C2:N3 单元格区域，并向下拖动鼠标至 N17 单元格，计算出其他部门每月的计划培训次数和实际培训次数，如下图所示。

步骤 04 统计各部门一年中计划培训次数和实际培训次数。由于相邻行的公式不同，因此会出现错误提示，忽略公式中的错误，在 A20:A27 单元格区域中输入各部门，在 B19:C19 单元格区域中输入项目名称，在 B20 单元格区域中输入公式 "=SUMPRODUCT(($A$2:$A$17=$A20)*($B$2:$B$17=B$19)*$O$2:$O$17)"，向右拖动鼠标至 C20 单元格，再向下拖动鼠标至 C27 单元格，效果如左下图所示。

步骤 05 对比分析计划与实际培训次数。选择 A19:C27 单元格区域，插入柱形图，并对柱形图标题等进行设置，最终效果如右下图所示。

 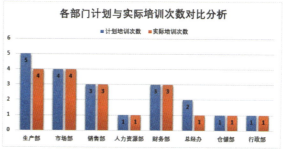

8.2.2 对培训出勤率进行统计分析

通过对培训出勤率进行统计分析，可以看出员工培训纪律的执行情况及员工参与培训的积极性。

对出勤率进行统计分析，既可以按照部门进行统计，也可以按照单次培训和月份进行统计。由于在制订年度培训计划时，有些培训课程是多个部门参与进行的，因此，按照部门统计容易出现一些问题，这里将按照月份统计员工培训的出勤情况。

按照月份对培训出勤率进行统计分析时，只有统计出每月计划培训的人数和实际培训的人数，才能统计出每月的员工培训出勤率。此外，还需要统计出公司一年中的员工培训平均出勤率，这样方便和每月的培训出勤率进行对比分析，快速查看员工每月培训出勤率与平均出勤率之间的差距。具体操作步骤如下。

步骤 01 设计表格结构。新建一个"培训出勤统计分析表"，设计其表格结构，并对表格格式进行设置，效果如下图所示。

	A	B	C	D	E	F	G	H	I	J	K	L	M
1		1月	2月	3月	4月	5月	6月	7月	8月	9月	10月	11月	12月
2	计划培训人数												
3	实际培训人数												
4	出勤率												
5	平均出勤率												

步骤 02 输入计算公式。在以下单元格中分别输入公式和操作，如下表所示。

单元格	公式	操作
B2	=SUMPRODUCT((MONTH(培训班汇总表!C$2:$C$19)=--SUBSTITUTE(B$1,"月",""))*培训班汇总表!$H$2:$H$19)	向右拖动鼠标至 M2 单元格

续表

单元格	公 式	操 作
B3	=SUMPRODUCT((MONTH(培训班汇总表 !$C$2:$C$19)=--SUBSTITUTE (B$1," 月 ",""))* 培训班汇总表 !$I$2:$I$19)	向右拖动鼠标至 M3 单元格
B4	=B3/B2	向右拖动鼠标至 M4 单元格
B5	=SUM($B$3:$M$3)/SUM($B$2:$M$2)	向右拖动鼠标至 M5 单元格

步骤 03 查看计算结果。计算出每月计划培训人数、实际培训人数、出勤率和年度平均出勤率，效果如下图所示。

步骤 04 插入组合图表。使用图表分析数据时，如果需要在同一个图表中体现出多种不同类型的数据，如数值型数据和百分比数据，就需要通过组合图表来体现。选择 A2:E5 单元格区域，打开【插入图表】对话框，在【所有图表】选项卡中选择【组合】选项，选中与【出勤率】和【平均出勤率】对应的【次坐标轴】复选框，单击【确定】按钮，如左下图所示。

步骤 05 设置坐标轴标签。调整图表到合适大小，为了使主要纵坐标轴与次要纵坐标轴的坐标轴选项对应的个数相同，选择次要纵坐标轴，打开【设置坐标轴格式】任务窗格，将【最大值】设置为【1.4】，如右下图所示。

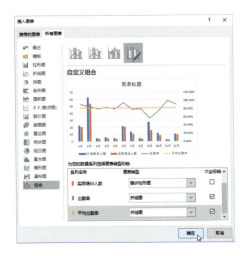
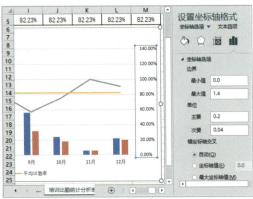

步骤 06 查看图表分析效果。对图表标题进行更改，并为图表添加数据标签，最终效果如下图所示。

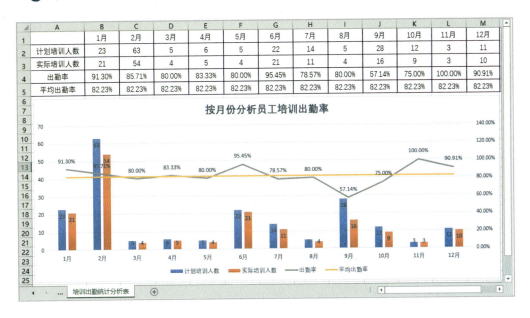

8.2.3 对培训费用进行统计分析

培训费用是检验培训效果的指标之一，而且分析结果对企业未来员工培训方案、计划的制订有重要的参考价值。因此，对培训费用进行统计、分析是必不可少的。

在对培训费用进行统计时，为了了解培训费用是否在预算范围内，不仅需要统计出当月的实际支出情况，还要和预算的培训费用进行对比，具体操作步骤如下。

步骤 01 设置表格输入数据。新建"培训费用统计分析表"，设计其表格结构，因为前面在建立培训数据时，没有涉及培训预算费用，所以这里需要手动输入每月的培训预算费用，并对表格格式进行设置，效果如下图所示。

	A	B	C	D	E	F	G	H	I	J	K	L	M
1		1月	2月	3月	4月	5月	6月	7月	8月	9月	10月	11月	12月
2	预算费用	4000	10000	1000	2000	2000	4000	3000	2000	3000	1000	1000	10000
3	直接成本												
4	间接成本												
5	实际支出												
6	结余												

步骤 02 输入计算公式。在以下单元格中分别输入公式和操作，如下表所示。

单元格	公 式	操 作
B3	=SUMPRODUCT((MONTH(培训成本表!$D$4:$D$73)=--SUBSTITUTE(B$1,"月",""))*(培训成本表!$B$4:$B$73=$A3)*培训成本表!$E$4:$E$73)	向右拖动鼠标至 M3 单元格，再向下拖动鼠标至 M4 单元格
B5	=B3+B4	向右拖动鼠标至 M5 单元格
B6	=B2-B5	向右拖动鼠标至 M6 单元格

步骤 03 计算出培训的直接成本、间接成本、实际支出及结余等，效果如下图所示。

	A	B	C	D	E	F	G	H	I	J	K	L	M
1		1月	2月	3月	4月	5月	6月	7月	8月	9月	10月	11月	12月
2	预算费用	4000	10000	1000	2000	2000	4000	3000	2000	3000	1000	1000	10000
3	直接成本	2015	4690	150	600	626	2261	580	300	1620	280	300	10390
4	间接成本	930	3015	450	220	200	965	400	260	540	570	280	2280
5	实际支出	2945	7705	600	820	826	3226	980	560	2160	850	580	12670
6	结余	1055	2295	400	1180	1174	774	2020	1440	840	150	420	-2670

步骤 04 设置折线图。选择 A1:M6 单元格区域，插入带数据标签的折线图，删除图例，选择图表中所有的数据系列，打开【设置数据系列格式】任务窗格，在【填充与线条】选项卡中选中【平滑线】复选框，将折线设置为平滑线，效果如下图所示。

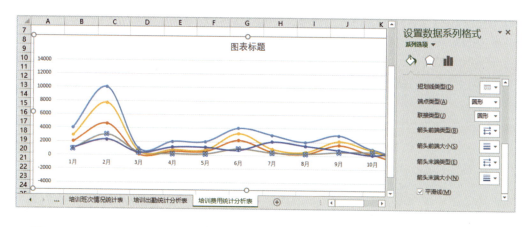

步骤 05 设置坐标轴格式。为图表添加数据系列，选择纵坐标轴，在【设置坐标轴格式】任务窗格中将【类别】设置为【数字】，【小数位数】设置为【0】，负数以带负号的红色数字显示，效果如下图所示。

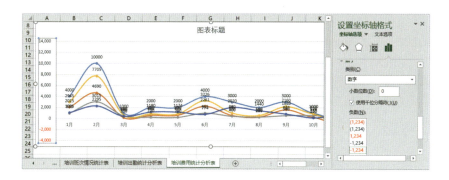

步骤 06 筛选数据。图表数据系列太多,并不能直观体现数据,这时可以通过筛选的方式来拆分图表。选择表格中的任意单元格,单击【筛选】按钮,进入自动筛选状态,在A1单元格的【筛选】下拉菜单中选中图表中需要展示的类别名称,如选中【结余】复选框,单击【确定】按钮,如下图所示。

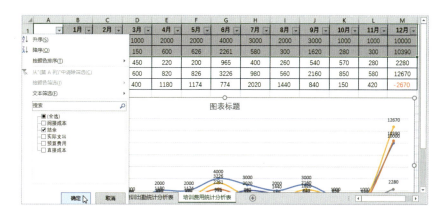

步骤 07 查看表格和图表的筛选结果。表格和图表中将只展示年度每月结余的培训费用,并且图表标题将自动显示为项目名称,最后对图表样式进行设置,效果如下图所示。

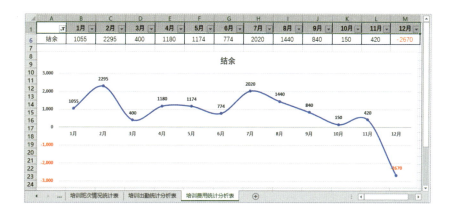

 **专家点拨** 在自动筛选下拉菜单中如果同时选中两个项目类别的复选框，那么表格和图表中也将同时展示与这两个项目对应的数据，但图表标题不会自动显示，需要手动进行设置。

步骤 08 分析实际支出费用。如果需要对实际支出的费用进行分析，那么可以在表格中将实际支出数据筛选出来，并且图表也将只对每月实际支出的培训费用进行分析，如下图所示。

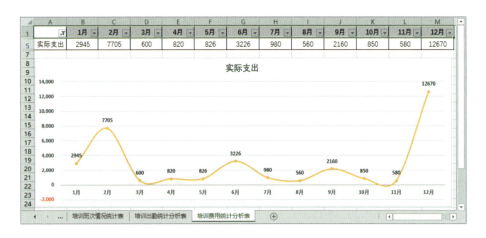

8.2.4 对培训考核结果进行分析

因为各部门各岗位培训的内容不一样，所以在对培训结果进行分析时，需要根据实际情况选择分析方式。如果在培训前先对员工进行测试，那么可以通过对培训前的成绩和培训后的成绩进行对比分析，得出培训的效果。如果只对培训后进行考核，那么通过对培训成绩进行分析并不能看出培训的效果，这时HR可以通过对培训考核结果进行分析来实现。下面利用数据透视表和透视图对"员工培训考核表"中的培训考核结果数据进行分析，具体操作步骤如下。

步骤 01 创建数据透视表。新建"培训考核结果分析表"，切换到"培训成绩表"中，选择A1:G165单元格区域，打开【创建数据透视表】对话框，选中【现有工作表】单选按钮，将【位置】设置为【培训考核结果分析表!$A$1】，单击【确定】按钮，如左下图所示。

步骤 02 设置数据透视表字段。创建空白数据透视表，将【部门】字段拖动到【行】列表框中，将【考核结果】字段拖动到【列】和【值】列表框中，效果如右下图所示。

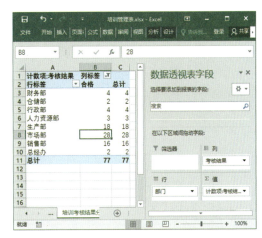

步骤 03 插入切片器。由于数据透视表中只显示了各部门考核合格的人数,如果要对各部门考核"不合格"人数、"良好"人数、"优秀"人数进行分析,就需要通过切片器进行筛选。单击【插入切片器】按钮,打开【插入切片器】对话框,选中【考核结果】复选框,单击【确定】按钮,如左下图所示。

步骤 04 插入数据透视图。插入【考核结果】切片器,单击【数据透视图】按钮,插入柱形图数据透视图,效果如右下图所示。

步骤 05 查看分析效果。删除图表右侧的【考核结果】字段,为图表添加数据标签,并对数据透视图、数据透视表和切片器进行设置,最终效果如下图所示。

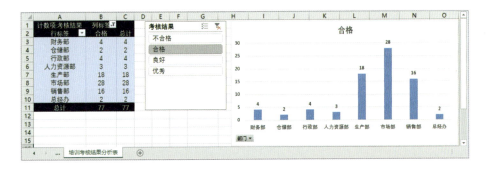

第8章 员工培训——解决企业后顾之忧 247

高手自测 23

下图所示为培训考核表（图中只是部分数据），如果要对各部门的培训班考核成绩进行分析，并分析不同考核分数段的人数，那么 HR 应该怎样进行分析？是使用图表分析，还是使用数据透视表分析？

扫码看答案

员工编号	姓名	部门	培训编号	培训班名称	考核成绩	考核结果
HT0010	张孝骞	生产部	HT-2019-001	产品检验标准	65	合格
HT0017	李丽	生产部	HT-2019-001	产品检验标准	69	合格
HT0029	余加	生产部	HT-2019-001	产品检验标准	80	良好
HT0032	吴文茜	生产部	HT-2019-001	产品检验标准	58	不合格
HT0045	余佳	生产部	HT-2019-001	产品检验标准	86	优秀
HT0049	蒋德	生产部	HT-2019-001	产品检验标准	69	合格
HT0072	李涛	生产部	HT-2019-001	产品检验标准	74	合格
HT0076	李霖	生产部	HT-2019-001	产品检验标准	90	优秀
HT0080	胡文国	生产部	HT-2019-001	产品检验标准	72	合格
HT0084	简凤	生产部	HT-2019-001	产品检验标准	85	优秀
HT0085	王晓	生产部	HT-2019-001	产品检验标准	51	不合格
HT0098	陈科	生产部	HT-2019-001	产品检验标准	77	良好
HT0100	袁冬林	生产部	HT-2019-001	产品检验标准	73	合格
HT0102	陈飞	生产部	HT-2019-001	产品检验标准	68	合格
HT0012	陈丹	市场部	HT-2019-002	公关危机处理技巧	54	不合格
HT0042	封醒	市场部	HT-2019-002	公关危机处理技巧	94	优秀
HT0110	简历	市场部	HT-2019-002	公关危机处理技巧	87	优秀

高手神器 6：柯氏四级培训评估模型

在培训效果评估过程中，柯氏四级评估模型是目前应用最为广泛的培训效果评估工具，它不仅要求观察培训对象的反应和检查培训对象的学习结果，而且强调衡量培训前后的表现和企业经营业绩的变化，既全面又具有很强的系统性和操作性。下表所示为柯氏四级培训评估模型。

评估层次	评估名称	评估内容
一级评估	反应层评估 (Reaction)	评估培训对象对培训组织、培训讲师、培训课程的满意程度
二级评估	学习评估 (Learning)	测定培训对象通过培训所取得的收获
三级评估	行为评估 (Behavior)	考察培训对象在工作中行为方式的变化和改进
四级评估	成果评估 (Result)	计算培训创造出的经济效益

第 9 章

考勤与薪酬管理,为员工谋福利

　　考勤是考勤专员的基本工作,它是维护企业正常工作秩序,提高工作效率的一种手段,它与员工的绩效考核、年终奖金和工资挂钩,任何企业都离不开考勤,特别是对于大型或正规企业来说,考勤管理更为严格。
　　而薪酬管理则是薪酬专员的基本工作,它既与企业的发展相辅相成,也是企业吸引新人才、留住老人才的关键性指标。因此,HR一定要注重对考勤与薪酬福利的管理,积极督促员工、激励员工,让企业持续、稳健地发展。

请带着下面的问题走进本章

1. 如何将考勤机中的考勤数据整理成规范的表格数据，让考勤数据便于阅读，更加直观？

2. 考勤数据怎样统计更合理？

3. 怎样计算员工的带薪年假天数？

4. 如何将工资表转换为工资条？

9.1 工资表及配套表格设计分析

工资表是人力资源管理中非常重要的一项表格，无论是小公司还是大企业，都需要建立工资表，但由于企业体制的不同，工资表的组成结构也各不相同。因此，在设计工资表时，企业需要结合实际情况对其进行设计。

工资表设计是薪酬专员的主要工作，由于工资表由多个部分组成，因此，在对员工工资进行计算时，需要运用其他表格中的数据。如果工资表由基本工资、岗位工资、绩效工资、工龄津贴、考勤工资、加班工资，以及各种代缴保险和代缴个人所得税等部分组成，那么工资表就需要用到下图所示的配套表格中的数据。需要注意的是，并不是所有的配套表格都是由薪酬专员设计的。例如，员工休假统计表、考勤表、加班统计表等一般是由考勤专员设计；而绩效工资表一般是由绩效专员设计，但在设计工作表时，需要与人力资源部门的其他 HR 进行配合，才能设计出需要的工资表。

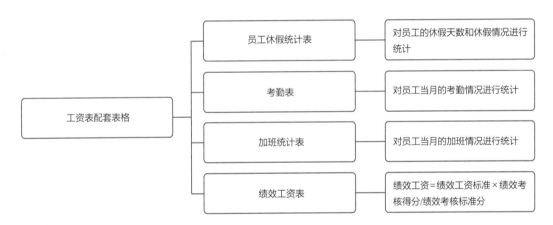

由于代缴的社会保险和个人所得税是变动的，因此可以直接在工资表中进行计算，不需要单独制作一个表格进行数据的存放。

社会保险是按照税前工资计算的，是由本人工资和费率计算出来、由企业和个人共同负担的，由于地方政策不一样，可能企业和个人承担的比例会有所不同。一般来说，养老保险金由公司（单位）承担 20%，个人承担 8%；医疗保险金由公司（单位）承担 8%，个人承担 2%；失业保险金由公司（单位）承担 1%，个人承担 0.2%；工伤保险金由公司（单位）承担 0.3%；生育保险金由公司（单位）承担 0.8%。

个人所得税税率是个人所得税额与应纳税所得额之间的比例。个人所得税税率是由国家相应的法律法规规定，根据个人的收入计算的，其计算公式为：应纳税额＝（工资薪金所得－"五险一金"－扣除数）× 适用税率－速算扣除数。个人所得税税率如下表所示。

级数	全月应纳税所得额	税率(%)	速算扣除数
1	不超过 3000 元的	3	0
2	超过 3000 元至 12000 元的部分	10	210
3	超过 12000 元至 25000 元的部分	20	1410
4	超过 25000 元至 35000 元的部分	25	2660
5	超过 35000 元至 55000 元的部分	30	4410
6	超过 55000 元至 80000 元的部分	35	7160
7	超过 80000 元的部分	45	15160

扣除数是指个人所得税的起征点，从 2018 年 1 月 1 日起，个人所得税起征点由原来的 3500 元变为 5000 元。

9.2 休假管理

休假管理是为了规范企业管理，维护员工休息、休假权利的一项管理工作，休假管理数据将为考勤提供数据支撑。对于 HR 来说，不仅需要掌握员工休假的时间及休假的证据，还需要对员工的休假情况进行统计。

9.2.1 统计员工带薪年休假的天数

带薪年休假是企业中最常见的一种员工福利，是指劳动者连续工作一年以上，就可以享受一定时间的带薪年休假，在带薪年休假期间，职工享受与正常工作期间相同的工资收入。带薪年休假一般按照员工的社会工龄进行计算，而不是按照员工的入职时间来计算，因此 HR 在计算员工的带薪年休假天数时，一定要注意正确的计算方法。

《职工带薪年休假条例》第三条规定："职工累计工作已满 1 年不满 10 年的，年休假 5 天；已满 10 年不满 20 年的，年休假 10 天；已满 20 年的，年休假 15 天。国家法定休假日、休息日不计入年休假的假期"。

在计算员工带薪年休假天数时，首先需要根据参加工作时间计算出社会工龄，然后根据社会工龄来确定员工的年休假天数。具体操作步骤如下。

步骤 01 设计表格结果。新建"工资表管理"工作簿,将"人力资源分析表"工作簿中的"在职人员信息统计表"复制到"工资表管理"工作簿中,将工作表重命名为"员工年休假天数统计表",删除多余的列,效果如左下图所示。

步骤 02 计算员工年休假天数。输入员工参加工作的时间,在 E2 单元格中输入公式"=IF(D2="","",DATEDIF(D2,DATE(2018,12,30),"Y"))",向下拖动鼠标至 E80 单元格,在 F2 单元格中输入公式"=LOOKUP(E2,{0,1,10,20},{0,5,10,15})",向下拖动鼠标至 F80 单元格,完成年休假天数的统计,效果如右下图所示。

专家点拨 公式"=LOOKUP(E2,{0,1,10,20},{0,5,10,15})"表示将 E2 单元格中的值分成 4 个区域,当 E2 满足某个区域时,就返回该区域对应的值,然后再乘以 E2 单元格中的值,其结果就是员工应休的年假天数。当 E2 单元格的值在 0~1 时,返回 0;当 E2 单元格中的值在 1~10 时,返回 5;当 E2 单元格中的值在 10~20 时,返回 15。

9.2.2 设计员工休假统计表

一般来说,员工除了年休假外,还包括事假、病假、婚假、产假、丧假、工伤假等情况,而且大部分企业的员工还是以纸质请假单形式进行请假,因为需要相关部门或领导签字盖章。另外,很多企业都要求员工在请病假、婚假、产假、丧假、工伤假时,有专门的证据来证明请假的真实性。

考勤专员除了需要对休假过程进行控制外,还需要对员工休假情况进行统计,因为它将为考勤工资提供数据依据。为了便于直观地查看员工在哪天休的什么类型的假,考勤专员在设计表格时,可以参考常规考勤表的格式进行设置。

休假情况统计表的前期制作稍有点麻烦,但制作好后,会为后续的考勤表或加班统计表的制作提供极大的便利。具体操作步骤如下。

步骤 01 设置序列,引用数据。新建"员工休假统计表",设置D1单元格的数据验证为【序列】,将【来源】设置为【2017,2018,2019,2020,2021,2022】,设置F1单元格的数据验证为【序列】,将【来源】设置为【1,2,3,4,5,6,7,8,9,10,11,12】,在A2单元格中输入公式"=员工年休假天数统计表!A1",向右拖动鼠标至C2单元格,向下拖动鼠标至C80单元格,并对表格格式进行设置,效果如下图所示。

步骤 02 根据年月判断天数。在D1和F1单元格中选择年、月,在D3单元格中输入公式"=IF(MONTH(DATE($D$1,$F$1,COLUMN(A1)))=$F$1,DATE($D$1,$F$1,COLUMN(A1)),"")",向右拖动鼠标至AH3单元格,如左下图所示。

步骤 03 自定义日期格式。根据公式计算出来的结果虽然是以"###"显示的,但其实是因为列宽不够,显示全为"2018/12/1、2018/12/2、2018/12/3"等日期格式,如果只想显示"日",就需要自定义日期格式。选择D3:AH3单元格区域,打开【设置单元格格式】对话框,在【分类】列表框中选择【自定义】选项,在【类型】列表框中选择【d】选项,单击【确定】按钮,单元格中的【###】将变成对应的日期,如右下图所示。

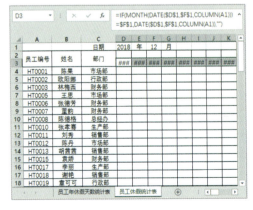

专家点拨

公式"=IF(MONTH(DATE($D$1,$F$1,COLUMN(A1)))=$F$1,DATE($D$1,$F$1,COLUMN(A1)),"")"中的D1表示年，F1表示月，COLUMN(A1)的结果表示日，如果D1年F1月1日的月份为F1，则返回D1年F1月1日，否则返回为空白格，由于F1可能会大于12，因此它判断F1是否在1~12。

步骤 04 根据日期计算出对应的星期。在D2单元格中输入公式"=TEXT(D3,"AAA")"，向右拖动鼠标至AH2单元格，计算出与日期对应的星期，如左下图所示。

步骤 05 新建条件格式。如果企业正常上班时间是周一至周五，周末双休，那么HR在制作考勤表时可以通过条件格式突出显示周末，这样就能清楚地知道哪几天是周末。要突出显示周末，通过内置的条件格式并不能实现，这时就需要新建格式规则来完成。打开【新建格式规则】对话框，在【选择规则类型】列表框中选择【使用公式确定要设置格式的单元格】选项，在【为符合此公式的值设置格式】参数框中输入"=D$2="六""，单击【格式】按钮，如右下图所示。

步骤 06 设置条件格式底纹填充。打开【设置单元格格式】对话框，选择【填充】选项卡，设置填充颜色，单击【确定】按钮，如左下图所示。

步骤 07 设置条件格式引用范围。打开【条件格式规则管理器】对话框，将【规则（按所示顺序应用）】的引用范围设置为【=$D$2:$AH$81】，单击【确定】按钮，使用相同的方法继续新建格式规则，如右下图所示。

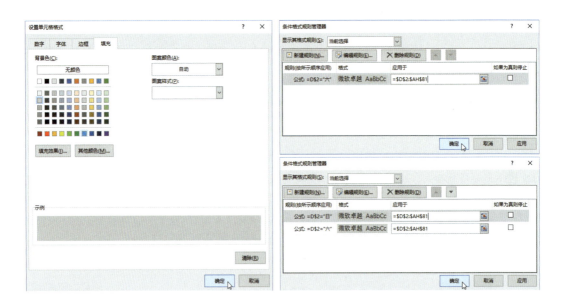

步骤 08 查看突出显示效果。突出表格中星期六和星期天所在的列,这样随着年份和月份的变化,天数、星期和突出的列都将随之发生相应的变化,如下图所示。

步骤 09 限制文本输入的长度。选择 D4:AH81 单元格区域,打开【数据验证】对话框,将【允许】条件设置为【文本长度】,将【数据】设置为【等于】,在【长度】参数框中输入"1",将出错警告中的错误提示信息设置为【只能输入一个数字或文本!】,单击【确定】按钮,然后根据请假单将员工的休假情况输入表格中,效果如下图所示。

高手自测 24

年休假的工资是怎么计算的？

扫码看答案

9.3 考勤管理

考勤是考勤专员日常工作中最基础的管理工作，是企业对员工出勤的一种考查制度。考勤的真正目的是为了让员工自觉遵守工作时间和劳动纪律，进而提高员工的工作积极性和工作效率，为管理者具体实施管理目标提供依据。因此，考勤专员必须做好考勤工作，为企业的健康可持续发展提供坚强的后盾。

9.3.1 整理考勤机数据

现在大部分企业都采用考勤机来记录员工的考勤，虽然考勤机的功能很多，但一般都只是使用考勤机来记录打卡情况，对于员工迟到、早退、未打卡等情况，都需要考勤专员对考勤机中的数据进行统计，而且有些考勤机是将上班打卡时间和下班打卡时间显示在同一列中的，这也需要考勤专员对打卡时间进行整理。

整理和统计考勤机数据的具体操作步骤如下。

步骤 01 建立表格。将考勤机中的考勤数据导出来，保存到"考勤数据源"工作表中，复制该工作表，将其重命名为"考勤记录表"，选择 E 列单元格，单击【数据】选项卡【数据工具】组中的【分列】按钮，如左下图所示。

步骤 02 分列设置。因为导出来的数据上班和下班打卡时间都是显示在同一列中的，既不便于查看，也不能计算出迟到、早退情况。所以需要将上下班打卡时间分布到不同的列中。打开【文本分列向导】对话框，设置文件类型，单击【下一步】按钮，如右下图所示。

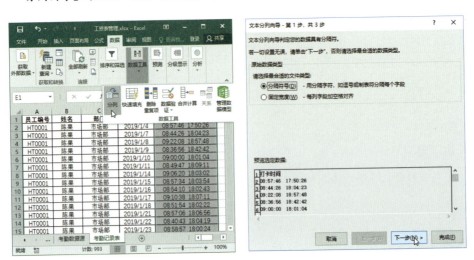

步骤 03 选择分列分隔符号。在打开的对话框中设置分隔符号，因为本例是由空格分隔上下班打卡时间的，所以这里选中【空格】复选框，单击【下一步】按钮，如左下图所示。

步骤 04 设置分列数据的格式。在打开的对话框中设置列数据格式和目标区域，单击【完成】按钮，如右下图所示。

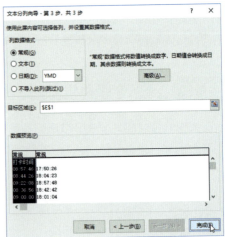

专家点拨 因为分隔符号是决定如何分列数据的关键因素,所以分隔符号必须是分列数据中所包含的符号,不能随便选择,否则将不能实现分列效果。

步骤 ❺ 判断员工迟到、早退情况。在工作表中可查看到将一列数据分到两列显示的效果,对考勤记录表中的格式进行相应的设置,在 G2 单元格中输入公式"=IF(OR(E2=""),"",IF(E2-"9:00:00">0,"迟到",""))",向下拖动鼠标至 G1021 单元格,计算出员工迟到情况,在 H2 单元格中输入公式"=IF(F3="","",IF(F3-"18:00:00"<0,"早退",""))",向下拖动鼠标至 H1021 单元格,计算出员工早退情况,效果如右图所示。

9.3.2 生成完整考勤表

对于考勤专员来说,整理完考勤机数据后,还需要生成考勤表为员工查阅签字和领导审核提供方便。考勤表的结构与休假情况统计表类似,所以在制作考勤表时,可以在休假情况统计表的基础上进行加工,具体操作步骤如下。

步骤 ❶ 清除数据验证。复制"休假情况统计表",将其重命名为"考勤表",删除表格中不需要的部分数据,选择 D4:AH54 单元格区域,打开【数据验证】对话框,单击【全部清除】按钮,清除所选单元格中的数据验证,如左下图所示。

步骤 ❷ 计算出员工当月的考勤情况。选择 D4 单元格,在编辑栏中输入公式"=IFERROR(VLOOKUP($A4,员工休假统计表!$A:$AH,COLUMN(D1),0)&"","")&IFERROR(VLOOKUP($A4&DAY(D$3),IF({1,0},考勤记录表!$A$2:$A$1021&DAY(考勤记录表!$D$2:$D$1021),考勤记录表!$G$2:$G$1021),2,0),"")&IFERROR(VLOOKUP($A4&DAY(D$3),IF({1,0},考勤记录表!$A$2:$A$1021&DAY(考勤记录表!$D$2:$D$1021),考勤记录表!$H$2:$H$1021),2,0),"")",按【Shift+Ctrl+Enter】组合键创建数组公式,如右下图所示。

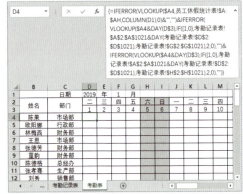

 **专家点拨**

从公式"=IFERROR(VLOOKUP($A4,员工休假统计表!$A:$AH,COLUMN(D1),0)&"","")&IFERROR(VLOOKUP($A4&DAY(D$3),IF({1,0},考勤记录表!$A$2:$A$1021&DAY(考勤记录表!$D$2:$D$1021),考勤记录表!$G$2:$G$1021),2,0),"")&IFERROR(VLOOKUP($A4&DAY(D$3),IF({1,0},考勤记录表!$A$2:$A$1021&DAY(考勤记录表!$D$2:$D$1021),考勤记录表!$H$2:$H$1021),2,0),"")"的整体分析上看：根据员工编号在"员工休假统计表"中查找员工休假数据，在"考勤记录表"中查找员工迟到和早退数据，并将所有符合条件的数据都返回"考勤表"中对应的单元格中。

步骤 03 查看计算结果。向右拖动鼠标至AH4单元格，再向下拖动鼠标至AH54单元格，计算出该员工当月的迟到、早退和休假情况，效果如下图所示。

9.3.3 统计员工出勤情况

生成考勤表后，考勤专员还需要根据考勤表中的出勤情况，对员工的迟到、早退、休假、出勤等考勤情况进行统计，以便于查看和分析。

在计算出勤天数时，需要用到 NETWORKDAYS 函数和 EOMONTH 函数。NETWORKDAYS 函数用于返回开始日期和结束日期之间的所有工作日数，其中的工作日不包括周末和专门指定的假期。其语法结构为：NETWORKDAYS(start_date,end_date,holidays)，其中，start_date 表示开始日期；end_date 表示结束日期；holidays 表示在工作日中排除的特定日期。

EOMONTH 函数用于计算指定日期之前或之后几个月的最后一天的日期，其语法结构为：EOMONTH(start_date,months)，其中，start_date 表示起始日期的日期；months 表示 start_date 之前或之后的月份数。

统计员工考勤情况的具体操作步骤如下。

步骤 01 统计员工考勤。在 AJ1:AV54 单元格区域中对考勤统计区域进行设置，在 AJ4 单元格中输入公式"=COUNTIF($D4:$AH4,AJ$3)"，向右拖动鼠标至 AS4 单元格，再向下拖动鼠标至 AS54 单元格，对员工考勤情况进行统计，效果如下图所示。

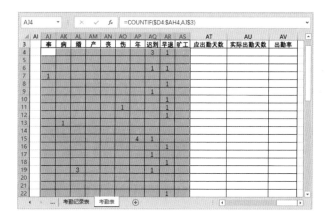

步骤 02 输入计算公式。在 AT4、AU4 和 AV4 单元格中分别输入公式和操作，如下表所示。

单元格	公　式	操　作
AT4	=NETWORKDAYS(DATE(D$1,$F$1,1),EOMONTH(DATE($D$1,考勤表!$F$1,1),0))	向下拖动鼠标至 AT54 单元格
AU4	=AT4-AJ4-AK4-AL4-AM4-AN4-AO4-AP4-AS4	向下拖动鼠标至 AU54 单元格
AV4	=AU4/AT4	向下拖动鼠标至 AV54 单元格

步骤 03 查看统计效果。计算出员工 2018 年 1 月应出勤的天数、实际出勤天数和出勤率，效果如下图所示。

	AI	AJ	AK	AL	AM	AN	AO	AP	AQ	AR	AS	AT	AU	AV
3		事	病	婚	产	丧	伤	年	迟到	早退	旷工	应出勤天数	实际出勤天数	出勤率
4									3	1		23	23	100%
5												23	23	100%
6									1	1		23	23	100%
7		1										23	22	96%
8										1		23	23	100%
9									1			23	23	100%
10										1		23	23	100%
11							1			1		23	22	96%
12										1		23	23	100%
13			1									23	22	96%
14												23	23	100%
15								4	1			23	19	83%
16										1		23	23	100%
17									1			23	23	100%
18										1		23	23	100%
19				3					1			23	20	87%
20												23	23	100%
21												23	23	100%
22										1		23	23	100%

… 考勤记录表 考勤表

9.3.4 按部门分析出勤情况

统计好员工当月的考勤情况后，还可以使用图表对考勤情况进行分析，以便为考勤制度的调整和管理做出相关依据和决策。

对员工考勤情况进行分析时，并不一定要对所有的考勤统计结果进行分析，可以根据实际情况，如按部门分析员工的出勤情况、按个人分析出勤情况等。本例将按部门分析员工出勤情况，具体操作步骤如下。

步骤 01 输入计算公式。新建“考勤分析表”，在表格中输入行字段和列字段，在单元格中分别输入公式和操作，如下表所示。

单元格	公 式	操 作
B2	=SUMIF(考勤表 !$C$4:$C$54,B1, 考勤表 !$AT$2:$AT$54)	向右拖动鼠标至 I2 单元格
B3	=SUMIF(考勤表 !$C$4:$C$54,B1, 考勤表 !$AU$2:$AU$54)	向右拖动鼠标至 I3 单元格
B4	=B3/B2	向右拖动鼠标至 I4 单元格
B5	=AVERAGE($B$4:$I$4)	向右拖动鼠标至 I5 单元格

步骤 02 计算出当月各部门总人数的应出勤天数、实际出勤天数 、出勤率、平均出勤率等，效果如下图所示。

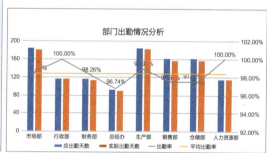

步骤 03 插入组合图。选择A1:I5单元格区域，打开【插入图表】对话框，在【所有图表】选项卡下选择【组合】选项，选中【出勤率】和【平均出勤率】的【次坐标轴】复选框，单击【确定】按钮，如左下图所示。

步骤 04 设置图表效果。应用图表【样式4】，输入图表标题"部门出勤情况分析"，为出勤率数据系列添加数据标签，并设置两个纵坐标轴的标签选项，效果如右下图所示。

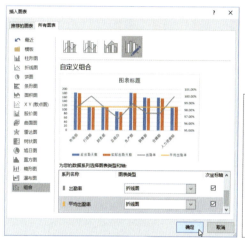

步骤 05 筛选数据。选择表格第1行的任意单元格，单击【筛选】按钮，进入筛选状态，单击A1单元格中的下拉按钮，在弹出的下拉菜单中对筛选关键字进行设置，完成后单击【确定】按钮，如下图所示。

第9章 考勤与薪酬管理，为员工谋福利

步骤 06 调整图表。即可在表格和图表中筛选出需要的数据,将图表调整到合适的位置和大小,效果如下图所示。

9.3.5 对员工加班情况进行统计

企业在经营过程中,难免会遇到需要员工加班的情况,特别是对于生产型企业来说,这种情况不可避免。但因为加班超出了员工的正常上班时间,所以企业需要按照国家劳动法中关于加班工资的规定给员工支付一定的加班费,保障员工的合法权益。

考勤专员在对员工的加班情况进行统计时,可以根据加班情况制作加班统计表,当加班人数和加班次数较多时,可以通过前面讲解的考勤表格式来统计加班时间和加班费;当加班人数较少或加班次数较少时,可以直接在表格中输入加班情况,然后对加班小时数和加班费进行计算即可。

员工加班也属于考勤管理中的一种,但一般不与考勤表制作在一起,因为考勤表与加班表统计在一起不仅显得复杂,而且也不便于计算。一般考勤表与加班统计表都是单独制作的,具体操作步骤如下。

步骤 01 计算加班小时数。新建"加班统计表",在表格中输入加班数据,并对表格的格式进行相应的设置,在 I2 单元格中输入公式"=(H2-G2)*24",向下拖动鼠标至 I15 单元格,效果如下图所示。

专家点拨 • 计算加班小时数时，如果直接使用公式"=H2-G2"来计算，计算出来的结果显示的是时间，而公式"=(H2-G2)*24"计算出来的结果才是小时数。公式中的24表示一天24个小时，将时间乘24，就可以将时间转化为小时数。

步骤 **02** 设计加班统计区域表格。不同的加班类别，其加班费也不同。因此，要计算员工当月总的加班费时，需要分别统计出各加班类别的加班时间。在A17:F24单元格区域中设计员工加班统计区域，效果如右图所示。

步骤 **03** 输入计算公式。在单元格中分别输入公式和操作，如下表所示。

单元格	公 式	操 作
B18	=SUMPRODUCT(($C$2:$C$15=A18)*($E$2:$E$15=$B$17),$I$2:$I$15)	向下拖动鼠标至 B24 单元格
C18	=SUMPRODUCT(($C$2:$C$15=A18)*($E$2:$E$15=$C$17),$I$2:$I$15)	向下拖动鼠标至 C24 单元格
D18	=SUMPRODUCT(($C$2:$C$15=A18)*($E$2:$E$15=$D$17),$I$2:$I$15)	向下拖动鼠标至 D24 单元格
E18	=(B18*18*1.5)+(C18*18*2)+(D18*18*3)	向下拖动鼠标至 E24 单元格

专家点拨 • 公式"=(B18*18*1.5)+(C18*18*2)+(D18*18*3)"中的"18"表示正常上班的小时工资，"1.5"表示工作日加班工资是正常工作日小时工资的1.5倍；"2"表示休息日加班工资是正常工作日小时工资的2倍；"3"表示节假日加班工资是正常工作日小时工资的3倍。

步骤 04 查看计算结果。计算出员工的加班时间和加班工资，效果如下图所示。

高手自测 25

很多企业都要求使用考勤符号来标识员工的考勤情况，那么如何在年休假统计表和考勤表中使用考勤符号呢？

扫码看答案

9.4 薪酬管理

薪酬直接关系着员工的切身利益，在企业"吸""留"人才、提高员工工作积极性等方面发挥着不可忽视的作用。因此，HR 一定要做好薪酬管理工作，否则会导致人才流失，影响企业的整体效益。

9.4.1 计算员工工资

工资表用于对公司员工的工资进行统计，而薪酬专员的工作则是对员工工资进行计算和核对。工资表一般由基本工资、岗位工资、绩效工资、工龄津贴、考勤工资、加班工资、福利津贴、工龄工资、提成工资，以及各种代缴保险、代缴个人所得税等部分组成，而工资表中的数据是通过引用其他相关表格中的数据或计算得来的。所以在制作工资表时，可以在已建好的相关表格上进行复制、修改，以提高制作效率，具体操作步骤如下。

步骤 01 计算绩效工资。新建"绩效工资"工作表，设计该表格结构，输入员工编号、姓名、部门、岗位、标准绩效工资、绩效考核得分和绩效工资，在 G2 单元格中输入公式"=ROUND(E2*F2/95,0)"，向下拖动鼠标至 G52 单元格，计算出员工的绩效工资，效果如下图所示。

G2 =ROUND(E2*F2/95,0)

	A	B	C	D	E	F	G
1	员工编号	姓名	部门	岗位	标准绩效工资	绩效考核得分	绩效工资
2	HT0001	陈果	市场部	经理	8000	88	7411
3	HT0002	欧阳娜	行政部	经理	8000	84	7074
4	HT0003	林梅西	财务部	往来会计	2000	92	1937
5	HT0005	王思	市场部	促销推广员	2000	77	1621
6	HT0006	张德芳	财务部	经理	8000	77	6484
7	HT0007	重韵	财务部	总账会计	2000	70	1474
8	HT0008	陈德格	总经办	副总	10000	99	10421
9	HT0010	张孝骞	生产部	技术人员	2000	95	2000
10	HT0011	刘秀	销售部	销售代表	2000	82	1726
11	HT0012	陈丹	市场部	公关人员	2000	78	1642
12	HT0013	胡茜茜	销售部	经理	8000	72	6063
13	HT0015	袁娇	财务部	出纳	2000	84	1768
14	HT0017	李丽	生产部	操作员	2000	70	1474
15	HT0018	谢艳	销售部	销售代表	2000	90	1895
16	HT0019	章可可	行政部	行政前台	2000	89	1874

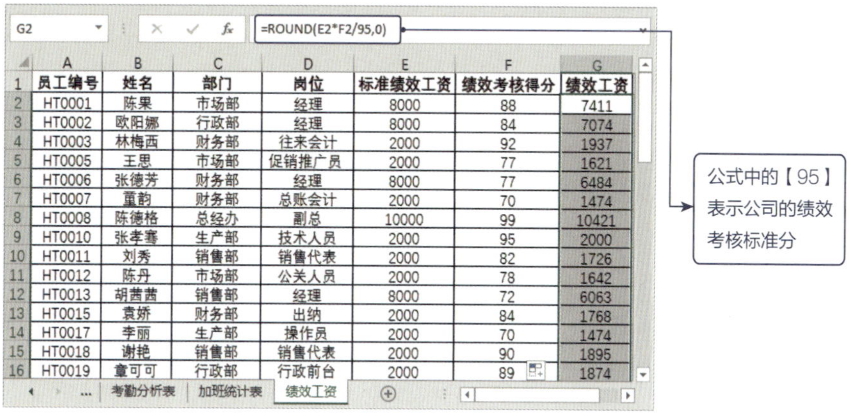

步骤 02 设计工资表结构。新建“工资表”，设计该表格结构，并对表格格式进行设置，效果如下图所示。

2019年1月工资表

员工编号	姓名	部门	岗位	基本工资	岗位工资	绩效工资	工龄津贴	加班工资	考勤扣款	全勤奖	应发工资	养老保险(8%)	失业保险(0.2%)	医疗保险(2%)	公积金(5%)	个人所得税	实发工资

步骤 03 输入计算公式。在工作表单元格中分别输入公式和基本工资，计算员工工资，如下表所示。

单元格	公 式	含 义
A3	= 绩效工资 !A2，向右拖动鼠标至 D3 单元格，再向下拖动鼠标至 D53 单元格	引用员工基本信息
E 列	输入员工的基本工资	
F3	=IF(D3=" 总经理 ",10000,IF(D3=" 副总 ",8000,IF(D3=" 经理 ",5000,IF(D3=" 主管 ",1000,500))))，向下拖动鼠标至 F53 单元格	计算岗位工资
G3	=VLOOKUP(A3, 绩效工资 !$A$1:$G$52,7,0)，向下拖动鼠标至 G53 单元格	引用绩效工资数据
H3	=VLOOKUP(A3,'G:\精进系列\重写\网盘\结果文件\第 6 章\[人力资源分析表 .xlsx] 在职人员信息统计表 '!$A$1:$N$80,11)*50，向下拖动鼠标至 H53 单元格	计算工龄津贴
I3	=IFERROR(VLOOKUP(B3, 加班统计表 !$A$17:$F$24,5,0),0)，向下拖动鼠标至 I53 单元格	计算加班工资
J3	= 考勤表 !AJ4*60+ 考勤表 !AK4*30+ 考勤表 !AQ4*20+ 考勤表 !AR4*30，向下拖动鼠标至 J53 单元格	计算考勤扣款

续表

单元格	公　式	含　义
K3	=IF(J3=0,200,0)，向下拖动鼠标至 K53 单元格	计算全勤奖
L3	=SUM(E3:I3)-J3+K3，向下拖动鼠标至 L53 单元格	计算应发工资
M3	=L3*8%，向下拖动鼠标至 M53 单元格	计算养老保险
N3	=L3*0.2%，向下拖动鼠标至 N53 单元格	计算失业保险
O3	=L3*2%，向下拖动鼠标至 O53 单元格	计算医疗保险
P3	=L3*5%，向下拖动鼠标至 P53 单元格	计算公积金
Q3	ROUND(MAX((L3-SUM(M3:P3)-5000)*{3,10,20,25,30,35,45}%-{0,210,1410,2660,4410,7160,15160},0),2)，向下拖动鼠标至 Q53 单元格	计算个人所得税
R3	=L3-SUM(M3:Q3)，向下拖动鼠标至 R53 单元格	计算实发工资

专家点拨　公式"ROUND(MAX((L3-SUM(M3:P3)-5000)*{3,10,20,25,30,35,45}%- {0,210,1410,2660,4410,7160,15160},0),2)"表示计算的数值是（L3-SUM(M3:P3)）后的值与相应税级百分数（3%、10%、20%、25%、30%、35%、45%）的乘积减去税率所在级距的速算扣除数 0、210、1410 等所得到的最大值，并使用 ROUND 函数取整。

步骤 04　查看计算结果。工资表计算结果如下图所示。

姓名	部门	岗位	基本工资	岗位工资	绩效工资	工龄津贴	加班工资	考勤扣款	全勤奖	应发工资	养老保险(8%)	失业保险(0.2%)	医疗保险(2%)	公积金(5%)	个人所得税	实
陈果	市场部	经理	8000	5000	7411	550		90		20871	1670	42	417	1044	1130	
欧阳娜	行政部	经理	8000	5000	7074	550			200	20824	1666	42	416	1041	1122	
林梅西	财务部	往来会计	4500	500	1937	550		50		7437	595	15	149	372	39	
王思	市场部	促销推广员	3000	500	1621	550		60		5611	449	11	112	281		
张德芳	财务部	经理	9000	5000	6484	550		30		21004	1680	42	420	1050	1152	
富影	财务部	总账会计	4500	500	1474	550		30		7004	560	14	140	350	28	
陈德格	总经办	副总	10000	8000	10421	550				28941	2315	58	579	1447	2498	
张孝骞	生产部	生产员	3500	500	2000	550	797	30		7317	585	15	146	366	36	
刘秀	销售部	销售代表	3000	500	1726	550		30		5746	460	11	115	287		
陈丹	市场部	公关人员	3000	500	1642	550		30		5662	453	11	113	283		
胡箐箐	销售部	经理	8000	5000	6063	550			200	19813	1585	40	396	991	970	
袁昕	财务部	出纳	3000	500	1768	500		20		5748	460	11	115	287		
李丽	生产部	操作员	3000	500	1474	500	324	30		5768	461	12	115	288		
谢艳	销售部	销售代表	3000	500	1895	500		20		5875	470	12	118	294		
童可可	行政部	行政前台	3000	500	1874	500		30		5844	468	12	117	292		
唐冬梅	销售部	销售代表	3000	500	1747	500		20		5727	458	11	115	286		
杨利瑞	总经办	总经理	12000	10000	14842	450			200	37492	2999	75	750	1875	4038	
蒋晓冬	总经办	副总	10000	8000	8316	450			200	26966	2157	54	539	1348	2163	
张雪	行政部	清洁工	2500	500	1537	450		30		4957	397	10	99	248		
郭旭东	仓储部	理货专员	3000	500	1726	450			200	5876	470	12	118	294		
赵楠然	总经办	副总	10000	8000	8421	450		140		26681	2134	53	534	1334	2115	
余加	生产部	技术人员	3500	500	1789	400	482	30		6621	530	13	132	331	18	
吴文黑	生产部	副总	3500	500	1663	400	459		200	6722	538	13	134	336	21	
高云娥	销售部	经理	8000	500	7326	400		50		20676	1654	41	414	1034	1097	
姜倩倩	行政部	保安	3000	500	1579	400		50		5449	436	11	109	272		
蔡侬媒	人力资源部	薪酬专员	3000	500	1642	400		50		5492	439	11	110	275		
蔡骏麒	人力资源部	经理	8000	5000	7074	400		40		20434	1635	41	409	1022	1056	

9.4.2　生成工资条发放给员工

工资条是薪酬专员反馈给每个员工当月工资的发放情况，每月需要定期发放。工资条看似很简单，但是对于员工比较多的企业，制作工资条就需要花费一定的时间。在 Excel 中制作工资条的方法比较多，常用的方法有下图所示的几种，HR在制作工资条时可根据熟练程度和简易度来选择。

另外，制作工资条时，如果直接在工资表中制作，那么工资表将不复存在，为了不破坏工资表，最好是在复制的工资表中制作。工资条制作好后，还需要让同一个员工的工资信息打印在完整的页面行中，打印输出并进行裁剪后，才可以将做好的工资条发放到员工手中。

1 利用排序法生成工资条

通过输入序列号，对序列号按从小到大的顺序进行排列，即可生成工资条，具体操作步骤如下。

步骤 01 添加辅助序列号。复制"工资表"，将其命名为"工资条1"，复制A2:R2单元格区域，将其粘贴到A54:R103单元格区域中，在S列中输入辅助列序号"1，2，3…"，如下图所示。

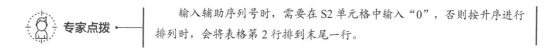

> **专家点拨**
> 输入辅助序列号时，需要在S2单元格中输入"0"，否则按升序进行排列时，会将表格第2行排到末尾一行。

步骤 02 排序数据。单击【排序】按钮，打开【排序】对话框，将【主要关键字】设置为【列S】，【次序】设置为【升序】，单击【确定】按钮，如下图所示。

步骤 03 查看生成的工资条。按从低到高的顺序进行排列，删除 S 列，即可生成完整的工资条，效果如下图所示。

2 通过辅助列生成工资条

通过辅助列主要是为了增加空白行，添加表字段，具体操作步骤如下。

步骤 01 添加辅助数据。复制"工资表"，将其命名为"工资条2"，在 S4 和 S6 单元格中分别输入"1"和"2"，在 T5 和 T7 单元格中分别输入"2"和"3"，向下拖动控制柄填充数据，选择 S4:T53 单元格区域，如左下图所示。

步骤 02 定位单元格。打开【定位条件】对话框，选中【空值】单选按钮，单击【确定】按钮，如右下图所示。

步骤 03 插入空白行。选择空值单元格,单击【单元格】组中的【插入】下拉按钮,在弹出的下拉列表中选择【插入工作表行】选项,如左下图所示。

步骤 04 定位空白行。在选择的空值单元格前插入空白行,复制 A2:R2 单元格区域,选择 A2:R103 单元格区域,打开【定位条件】对话框,选中【空值】单选按钮,单击【确定】按钮,如右下图所示。

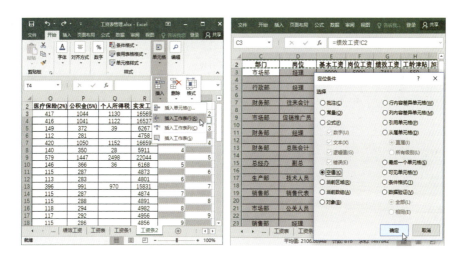

步骤 05 选择空白行,粘贴复制的表字段,完成工资条的制作。

3 通过函数生成工资条

通过 VLOOKUP 函数查找和引用工资表中的数据来生成工资条不仅麻烦,而且容易出错,但如果结合使用 OFFSET、ROW 和 COLUMN 函数,就能轻松实现。具体操作步骤如下。

步骤 01 引用工资表中的数据。复制"工资表",将其命名为"工资条3",删除表格中的员工工资数据和边框,在 A3 单元格中输入公式"=OFFSET(工资表 !$A$2,ROW()/3,COLUMN()-1)",向右拖动鼠标至 R3 单元格,效果如下图所示。

专家点拨 公式"=OFFSET(工资表 !$A$2,ROW()/3,COLUMN()-1)"中的 ROW() 表示返回当前单元格行号,A3 是第 3 行,则返回 3;COLUMN() 表示返回当前单元格列标,A3 是第 1 列,所以返回 1。所以此公式表示以 A2 单元格为参照,向下偏移 1 行,向右不偏移,最后返回工资表 A3 单元格中的值。

步骤 02 复制公式。为 A1:R3 单元格区域添加外边框,选择 A1:R3 单元格区域,向下拖动鼠标至 R156 单元格,复制公式引用其他员工的工资数据,如下图所示。

步骤 03 查找数据。打开【查找和替换】对话框,在【查找】选项卡的【查找内容】下拉列表框中选择【2019 年 * 月】选项,单击【查找全部】按钮,在表格中查找出需要查找的数据,如左下图所示。

步骤 04 替换数据。选择【替换】选项卡,在【替换为】下拉列表框中选择【2019 年 1 月】选项,单击【全部替换】按钮,对查找到的内容进行替换,在打开的提示对话框中提示替换完成,并显示替换的处数,如右下图所示。

步骤 05 查看最终效果。使用相同的方法继续替换养老保险比例、失业保险比例、医疗保险比例、公积金保险比例等，完成工资条的制作，效果如下图所示。

4 利用邮件合并功能生成工资条

通过邮件合并功能可以将工资条以电子邮件形式发送到每位员工的电子邮箱中，但需要结合 Word 软件才能快速完成。具体操作步骤如下。

步骤 01 增加"邮箱地址"列。要以邮件的形式将工资条发送到员工的电子邮箱中，就必须知道员工的电子邮箱地址。将工资表中的数据复制到新建的工作簿中，删除标题行，在表格末尾添加"邮箱地址"列，输入员工的电子邮箱地址，将工作簿保存为"1月工资表"，效果如下图所示。

步骤 02 制作工资条主文档。启动 Word 软件，新建一个"制作工资条文档"，在文档中插入表格，输入表字段，并对表格的格式进行设置，切换到【Web 版式视图】进行查看，效果如下图所示。

步骤 03 选取数据源。单击【开始邮件合并】组中的【选择收件人】按钮，在弹出的下拉列表中选择【使用现有列表】选项，打开【选取数据源】对话框，选择【1月工资表.xlsx】表格，单击【打开】按钮，如左下图所示。

步骤 04 插入合并域。将鼠标光标定位到第 2 行的第 1 个单元格中，单击【插入合并域】下拉按钮，在弹出的下拉列表中选择与表格第 1 行字段相同的选项，如右下图所示。

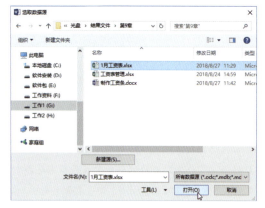
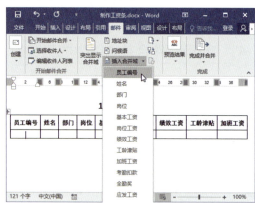

步骤 05　预览效果。继续插入合并域，单击【预览结果】按钮，预览合并域显示的结果，效果如下图所示。

1月工资条															
员工编号	姓名	部门	岗位	基本工资	岗位工资	绩效工资	工龄津贴	加班工资	考勤扣款	全勤奖	应发工资	养老保险(8%)	失业保险(0.2%)	医疗保险(2%)	公积金(5%)	个人所得税	实发工资
«员工编号»	«姓名»	«部门»	«岗位»	«基本工资»	«岗位工资»	«绩效工资»	«工龄津贴»	«加班工资»	«考勤扣款»	«全勤奖»	«应发工资»	«养老保险 B»	«失业保险 02»	«医疗保险 2»	«公积金 5»	«个人所得税»	«实发工资»

1月工资条															
员工编号	姓名	部门	岗位	基本工资	岗位工资	绩效工资	工龄津贴	加班工资	考勤扣款	全勤奖	应发工资	养老保险(8%)	失业保险(0.2%)	医疗保险(2%)	公积金(5%)	个人所得税	实发工资
HT0001	陈果	市场部	经理	8000	5000	7411	550	0	90	0	20871	1669.680000000001	41.741999999999997	417.42000000000002	1043.55	1129.72	16568.887999999999

步骤 06　执行邮件合并。单击【完成并合并】下拉按钮，在弹出的下拉列表中选择【发送电子邮件】选项，打开【合并到电子邮件】对话框，在【收件人】下拉列表框中选择【邮箱地址】选项，在【主题行】文本框中输入"1月工资条"，单击【确定】按钮，如下图所示，即可启动 Outlook，将制作好的工资条发送到员工的电子邮箱中。

9.4.3　统计和分析部门工资数据

对工资表数据进行分析，主要是对各部门或员工的工资数据进行分析，如果公司员工太多，不可能单独对每位员工的工资数据进行分析，除非特殊情况，一般都是以部门为单位进行分析的。

对工资数据进行分析时，HR 可以对部门工资数据和员工工资收入进行分析，具体操作步骤如下。

步骤 01　创建数据透视表。选择工资表中的 A2:R53 单元格区域，单击【数据透视表】按钮，打开【创建数据透视表】对话框，设置透视表数据区域和放置位置，单击【确定】按钮，如左下图所示。

步骤 02　拖动字段。在新建工作表中创建空白数据透视表，将工作表命名为"数据透视表"，将【部门】字段拖动到【列】列表框中，将【实发工资】字段连续拖动 5 次到【值】列表框中，将【员工编号】字段拖动到【值】列表框的第 1 个选项下，再将【列】列表框中的【数值】拖动到【行】列表框中，效果如右下图所示。

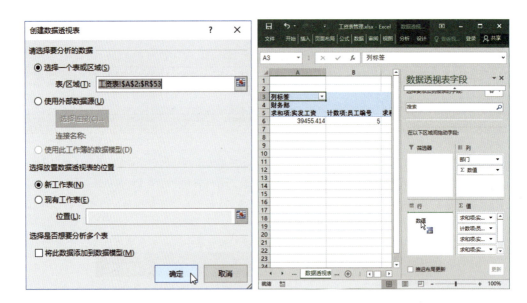

步骤 03 在数据透视表中右击【求和项：实发工资2】单元格，在弹出的快捷菜单中选择【值字段设置】命令，如左下图所示。

步骤 04 设置值字段。打开【值字段设置】对话框，在【自定义名称】文本框中将值字段名称设置为【实发所占比例】，将【值显示方式】设置为【行汇总的百分比】，单击【确定】按钮，如右下图所示。

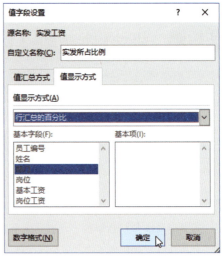

专家点拨 在自定义值的名称时，需要注意的是，自定义的值名称不能与原名称完全相同。

步骤 05　查看数据透视表效果。使用相同的方法对值字段的名称和值汇总方式进行设置，效果如下图所示。

步骤 06　复制数据。因为数据透视图不能单独对数据透视表中的部分数据进行分析，所以需要将数据透视表中的数据复制到新建的"部门工资数据"工作表中，并对表格的格式进行设置，效果如下图所示。

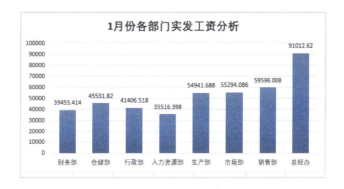

步骤 07　分析各部门实发工资。选择A1:I2单元格区域，插入柱形图，将标题更改为"1月份各部门实发工资分析"，并对图表进行美化设置，效果如下图所示。

步骤 08　插入复合饼图。选择A1:I1和A4:I4单元格区域，插入复合饼图，将复合饼图标题更改为"各部门实发工资所占比例"，删除图例，在复合饼图最佳位置添加数据标签，如下图所示。

第9章　考勤与薪酬管理，为员工谋福利　277

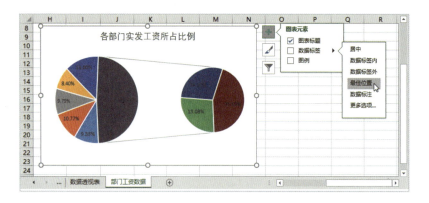

步骤 09 设置数据标签格式。打开【设置数据标签格式】任务窗格，选中【类别名称】复选框，将数据标签的【分隔符】设置为【(分行符)】，效果如下图所示。

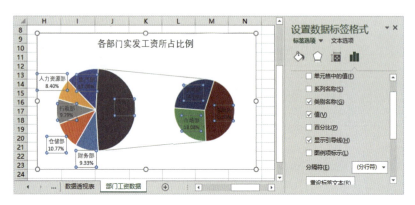

步骤 10 美化饼图。对复合饼图进行美化设置，效果如下图所示。

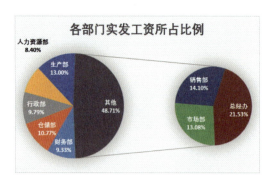

步骤 11 插入堆叠条形图分析数据。选择 A1:I1 和 A4:I7 单元格区域，插入堆叠条形图，将标题更改为"分析实发工资的最大值、平均值和最小值"，对图表进行设置和美化，最终效果如下图所示。

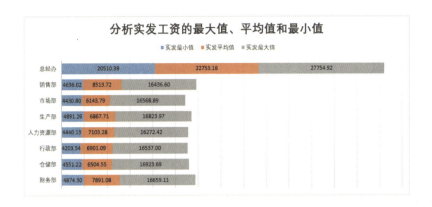

 高手自测 26

如果要对年度工资总额进行占比分析,那么应该从哪方面入手?

扫码看答案

高手神器 7:钉钉考勤好帮手

钉钉是阿里巴巴集团推出的一款跨多平台使用、全方位提高企业沟通和协同效率的软件,可以让工作更简单、高效、安全,使企业进入智能化移动办公时代。钉钉提供了多种功能,考勤只是钉钉众多功能中的一个,使用钉钉考勤可以轻松设置考勤组人员、考勤方式、上下班时间及考勤地点等,随时随地了解团队状态,出勤人员一目了然,并且一键就能导出考勤报表,如左下图所示。而且,员工请假、出差时,可以直接通过钉钉进行提交和审批,如右下图所示,使考勤管理更加智能化、人性化、简单化。

第9章 考勤与薪酬管理,为员工谋福利　279

高手神器 8：Excel 考勤宝

Excel 考勤宝是由 Excel Home 技术服务中心推出的一款免费考勤管理软件，主要用于输入和统计员工出勤记录。

Excel 考勤宝是一个 Excel 表格的加载宏，集合了数据批量输入、员工考勤记录、夜班津贴结算及工时统计等多种功能，可以将复杂的出勤记录变得简单化，使得出勤数据既一目了然又有据可查。

下图所示为通过 Excel 考勤宝批量输入的考勤数据和自动统计出的工时数。

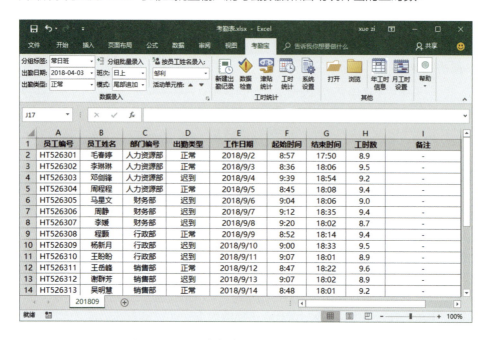

高手神器 9：社保计算器

社保计算器用于对要缴纳的社会保险，也就是"五险一金"进行计算。HR 或员工如果对每月缴纳的社保费用不是很清楚，那么通过社保计算器，就可以轻松地了解和计算出每月个人和企业要缴纳的费用，而且社保计算器可以根据不同的地区进行缴费比例的调整。现在的网页中有很多社保计算器，只需把每个月的工资收入准确地输入计算器中，就可以很快计算出每个月需要缴纳的费用，下图所示为使用社保计算器计算的要缴纳的费用。

高手神器 10：个税计算器

个税计算器是采用最新的个税税率表，根据输入的工资计算应缴纳的个人所得税，其作用和使用方法与社保计算器基本类似，有些个税计算器还可以查看工资的计算过程，如下图所示。